MARCO POLO

DÜS SEL DORF

MARCO POLO AUTORIN

Doris Mendlewitsch

Doris Mendlewitsch ist in Düsseldorf geboren und lebt auch heute noch in ihrer Heimatstadt. Ernsthaft in Gefahr, sich anderswo niederzulassen, war die überzeugte Rheinländerin nie. Ihr gefällt die heitere Art ihrer Mitbürger und die anregende Atmosphäre der Stadt, die sich u. a. in künstlerischen und architektonischen Experimenten zeigt. Sie schreibt Bücher und Werbetexte – auch für Düsseldorf.

REIN INS ERLEBEN

Mit dem digitalen Service von MARCO POLO sind Sie noch unbeschwerter unterwegs: Auf den Erlebnistouren zielsicher von A nach B navigieren oder aktuelle Infos abrufen – das und mehr ist nur noch einen Fingertipp entfernt.

Hier geht's lang zu den digitalen Extras:

http://go.marcopolo.de/due

Touren-App

Ganz einfach orientieren und jederzeit wissen, wo genau Sie gerade sind: Die praktische App zu den Erlebnistouren sorgt dank Offline-Karte und Navigation dafür, dass Sie immer auf dem richtigen Weg sind. Außerdem zeigen Nummern alle empfohlenen Aktivitäten, Genuss-, Kultur- und Shoppingtipps entlang der Tour an.

HTTP://GO.MARCOPOLO.DE/DUE

Update-Service

Immer auf dem neuesten Stand in Ihrer Destination sein: Der Online-Update-Service bietet Ihnen nicht nur aktuelle Tipps und Termine, sondern auch Änderungen von Öffnungszeiten, Preisen oder anderen Angaben zu den Reiseführerinhalten. Einfach als PDF ausdrucken oder für Smartphone, Tablet oder E-Reader herunterladen.

SYMBOLE

- INSIDER TIPP Insider-Tipp
- ★ Highlight
- ●●●● Best of ...
- Schöne Aussicht
- Grün & fair: für ökologische oder faire Aspekte
- (*) kostenpflichtige Telefonnummer

PREISKATEGORIEN HOTELS

- €€€ über 150 Euro
- €€ 100–150 Euro
- € bis 100 Euro

Preise für zwei Personen im Doppelzimmer mit Frühstück pro Nacht

PREISKATEGORIEN RESTAURANTS

- €€€ über 25 Euro
- €€ 15–25 Euro
- € bis 15 Euro

Die Preise gelten für ein typisches Hauptgericht des jeweiligen Restaurants

 Titelthemen: Schräge Architektur der Gehry-Bauten S. 53 | Japans Kultur im Ekō-Haus S. 56

GUT ZU WISSEN

KARTEN IM BAND
(116 A1) Seitenzahlen und Koordinaten verweisen auf den Cityatlas und die Übersichtskarte Düsseldorf mit Umland auf S. 128/129

(0) Ort/Adresse liegt außerhalb des Kartenausschnitts Es sind auch die Objekte mit Koordinaten versehen, die nicht im Cityatlas stehen

(🗺 A–B 2–3) verweist auf die herausnehmbare Faltkarte

UMSCHLAG VORN:
Die wichtigsten Highlights

UMSCHLAG HINTEN:
Liniennetzplan der öffentlichen Verkehrsmittel

Die besten MARCO POLO Insider-Tipps

Von allen Insider-Tipps finden Sie hier die 15 besten

INSIDER TIPP Wechselspiel der Stile
Barock und Renaissance prägen das Ambiente der *Sankt-Andreas-Kirche*. Der moderne Altar von Ewald Mataré kommt darin besonders gut zur Geltung (Foto re.) → S. 37

INSIDER TIPP Wo die Zeit stehen bleibt
Der Uhrmacher Bernd Deckert zeigt in seinem *Privatmuseum* eine Sammlung antiker Comtoise-Standuhren → S. 55

INSIDER TIPP Exoten für das Volk
Ein warmes Heim für Gewächse aus den Tropen: Die Flora im *Botanischen Garten* der Heinrich-Heine-Universität erfreut nicht nur Forscher → S. 55

INSIDER TIPP Kunstgenuss und Sonnenbad
Der *Ehrenhof* hat auch außerhalb seiner Museumsmauern einiges zu bieten: Bunte Blütenpracht, Liegestühle und Terrasse mit Rheinblick laden im Frühling und Sommer zum Entspannen ein → S. 42

INSIDER TIPP Tempel mit Tradition in Klein-Tokio
Über 8000 Japaner leben in Düsseldorf. Das *Ekō-Haus* in Niederkassel ist ein religiös und kulturell wichtiger Ort für sie – und für Gäste eine tolle Möglichkeit, die japanische Kultur, etwa die Teezeremonie, kennenzulernen (Foto o.) → S. 56

INSIDER TIPP Köstliche Unterhaltung
Für Kulturinteressierte: Auf die Kombination aus guten Speisen und reichem Veranstaltungsangebot trifft man in der *Destille* → S. 63

INSIDER TIPP Schokoladige Versuchung
Feine Trinkschokolade, im Sommer auch kühle Frappés und weitere süße Sünden gibt's im *Gut & Gerne* am Burgplatz → S. 61

INSIDER TIPP Kneipenkino
Nach dem Film noch an die Bar: Im *Souterrain*, dem kleinen Kellerkino mit angeschlossener Kneipe, lassen sich zwei Lieblings-Feierabendevents vereinen → S. 81

INSIDER TIPP **Langschläfer-Frühstück**

Inmitten alter Filmplakate kann man in der *Zicke* bis in den Nachmittag hinein gemütlich frühstücken. Ein Besuch des szenigen Bistros mit Biergarten lohnt sich aber zu jeder Tageszeit → S. 63

INSIDER TIPP **Heiße Sohlen**

Ob Bühnenaufführungen, Tanzausbildung, -forschung oder -kurse: Im *Tanzhaus NRW* dreht sich alles nur um das eine. Gezeigt werden jährlich rund 200 Tanzproduktionen. Das Repertoire reicht dabei u. a. von Flamenco oder Tango über Hip-Hop und modernes Tanztheater bis hin zu afrikanischen Tänzen. Da finden Sie bestimmt das Passende → S. 82

INSIDER TIPP **Ausgelassen feiern**

Das geht nicht nur in der Altstadt! Das Oberkasseler *Chateau Rikx* ist am Wochenende ein echter Partyhotspot. Der Club mit unkonventionellem Abbruchcharme punktet mit günstigen Preisen und hohem Flirtfaktor → S. 78

INSIDER TIPP **Aus alt mach neu**

Nachhaltigkeit trifft auf Design: Bei *Plup* gibt's schicke Kleidung und Dekoartikel aus recycelten Materialien, die mit dem typischen Öko-Look rein gar nichts zu tun haben → S. 74

INSIDER TIPP **Messer und Gabel mal weglegen**

Im *Okra* wird scharf und außerdem mit den Fingern gegessen. Landestypisch, denn die Küche ist äthiopisch → S. 67

INSIDER TIPP **Unterirdisch gut**

Der Ausstellungsraum *Kunst im Tunnel (KIT)* liegt direkt unter der Rheinuferpromenade und bietet vor allem jungen Künstlerinnen und Künstlern eine Plattform → S. 51

INSIDER TIPP **Echt scharf!**

Der ABB-Senf ist Deutschlands ältester Mostert und seit 1726 eine Düsseldorfer Spezialität. Im *Senfmuseum* in der Altstadt gibt es neben dem Klassiker auch Sorten wie Rotwein-Pflaume oder Altbier → S. 39

BEST OF ...

TOLLE ORTE ZUM NULLTARIF
Neues entdecken und den Geldbeutel schonen

SPAREN

Kostenlose Führung durchs Rathaus
Das *Düsseldorfer Rathaus* nahe dem Rhein und mit dem Jan-Wellem-Denkmal vor der Tür ist nicht nur ein beliebtes Fotomotiv. Sie können die verschiedenen Gebäude auch von innen betrachten. Die Führungen jeden Mittwoch ab 15 Uhr sind kostenfrei → S. 37

Den Meisterklassen lauschen
Die Studierenden der *Robert-Schumann-Musikhochschule* absolvieren musikpraktische Prüfungen zum Teil öffentlich – natürlich wird dafür kein Eintrittsgeld verlangt. Höhere Semester geben zudem kostenlose Konzerte. Hören Sie den Stars von morgen schon heute zu → S. 82

Schiefer Turm am Rhein
Sankt Lambertus ist die Hauptkirche Düsseldorfs mit einer reichen Ausstattung und einem imposanten Kirchenschatz. Hörenswert sind auch die internationalen Orgelkonzerte, die am ersten Montag im Monat stattfinden. Der Eintritt ist frei, eine Spende zur Erhaltung der beiden Orgeln willkommen → S. 38

Moderne Kunst für null Euro erleben
Die Kunstsammlungen *NRW K20* und *K21* gibt es auch gratis zu sehen: Interessierte können die Museen jeden ersten Mittwoch im Monat von 18 bis 22 Uhr kostenfrei besuchen. Oft auch frei: Vorträge und Führungen (Foto) → S. 35, 36

Kultur im Zakk ist für alle da
Den Besuch im *Zakk* sollte sich jeder leisten können, finden die Betreiber. Politische Diskussionen sind hier deshalb grundsätzlich kostenfrei – egal, wie berühmt der Referent ist. Auch bei Konzerten und Partys entfällt ab und zu der Eintritt → S. 80

Düsseldorfs Stadtgeschichte umsonst
Die Kuratoren des *Stadtmuseums* erklären, was es mit der Geschichte Düsseldorfs auf sich hat. Der Eintritt zu solchen Führungen, Workshops und Vorträgen ist vielfach frei → S. 40

Diese Punkte zeichnen in den folgenden Kapiteln die Best-of-Hinweise aus

TYPISCH DÜSSELDORF

Das erleben Sie nur hier

Flanieren mit den Reichen

Düsseldorfs teuerste und berühmteste Straße ist die *Königsallee*. In den vielen Luxusgeschäften können Sie schnell jede Menge Geld loswerden. Aber auch ein Schaufensterbummel, das Entspannen in einem der kleinen Cafés, das Sehen und Gesehenwerden machen Spaß (Foto) → S. 45

Ein Besuch in der Tonhalle

Auch von außen ist die *Tonhalle* ein Schmuckstück. Die Kuppel und der Stern auf dem Dach erinnern noch an ihre ursprüngliche Funktion: Die Musikhalle wurde als Planetarium erbaut. Erst seit den 1970er-Jahren finden dort Konzerte verschiedenster Stilrichtungen statt – in grandioser Akustik → S. 82

Altbier trinken

Sie können Düsseldorf nicht verlassen, ohne mindestens ein Altbier getrunken zu haben. Das typische Getränk der Stadt schmeckt in den Brauereigaststätten besonders gut. Beispielsweise wird ein Besuch in der Brauerei *Uerige* Ihre trockene Kehle erfreuen. Zum Bier gibt es deftiges Essen → S. 61

Shoppen auf dem Großmarkt

Auch das ist Düsseldorf: Der *Radschlägermarkt* ist ein richtiger Trödelmarkt und noch dazu der älteste der Stadt. Antikes, seltene Schätze und Trödel der vergangenen Jahre laden zum Stöbern auf dem Großmarkt ein. Neuwaren gibt es nicht → S. 70

Senf im Steinguttopf

Der Düsseldorfer Löwensenf ist weltberühmt. Echte Düsseldorfer schwören aber auf den ABB-Senf, den es im *Gewürzhaus* in der Altstadt gibt. Der Mostert wird im grau-blauen Steinguttopf verkauft und eignet sich hervorragend als Mitbringsel → S. 72

Ein Kabarett mit Tradition

Das *Kom(m)ödchen* ist DIE Düsseldorfer Kabarettbühne. Ihre Beliebtheit liegt nicht nur an dem zentralen Standort in der Kunsthalle, sondern ist auch den berühmten Gründern zu verdanken: Kay und Lore Lorentz haben sie 1947 eröffnet. Mittlerweile leitet ihr Sohn das Kulturhaus → S. 80

BEST OF ...

SCHÖN, AUCH WENN ES REGNET

Aktivitäten, die Laune machen

REGEN

Besseres Wetter abwarten im Café
Einen tollen Ausblick auf die Altstadt bietet das *Café Laterne* hoch oben im Schlossturm. Bei einem leckeren Stück Kuchen können Sie den Regen abwarten. Oder Sie besuchen das Schifffahrt-Museum in den unteren Etagen → S. 39

Im Filmmuseum die Zeit vergessen
Kostüme von Filmstars, eine Camera obscura, Windmaschinen, Drehbücher und anderes geben im *Filmmuseum* einen Einblick in das Geschehen am Set und in die Filmgeschichte → S. 32

Wasser von allen Seiten: Aquazoo
Dem Regen können Sie im *Aquazoo* entkommen, dem Wasser nicht. Pinguine, Fische, Krokodile, Frösche, Schlangen und Otter leben in den riesigen Aquarien und Terrarien auf mehreren Ebenen. Es gibt auch eine Insekten-Abteilung → S. 48

Lustwandeln durchs Schloss Benrath
Wer das *Schloss Benrath* mit seiner rosa-weißen Fassade und den vielen Putten und Skulpturen sieht, versteht, warum es im 18. Jh. als Lustschloss diente. Wenn der Regen nachlässt, besuchen Sie unbedingt auch den liebevoll angelegten Garten → S. 57

Ideal an Regentagen: Indoor-Shopping
An der Königsallee befindet sich das Einkaufszentrum *Sevens*. Auf sieben Etagen haben Designer und Juweliere ihre Geschäfte. Auf der untersten Ebene gibt es Restaurants und Cafés (Foto) → S. 72

Träumen im Marionettentheater
Das *Marionettentheater* gefällt Groß und Klein. Die Holzpuppen wurden im Haus geschnitzt. Gespielt werden bekannte Geschichten: „Die Zauberflöte", „Der Wunschpunsch" oder „Jim Knopf und Lukas der Lokomotivführer" → S. 83

ENTSPANNT ZURÜCKLEHNEN

Durchatmen, genießen und verwöhnen lassen

ENTSPANNT

Auf den Rheintreppen die Seele baumeln lassen

Setzen Sie sich zu den Düsseldorfern an den *Burgplatz*. Auf den Treppen, die vom Platz zur Unteren Rheinwerft hinunterführen, reicht die Aussicht weit über den Fluss bis nach Oberkassel → S. 29

Schwimmen im Jugendstil: Münster-Therme

Wie schön die *Münster-Therme* ist, sehen Sie erst von innen. Das Jugendstilbad mit der hohen Decke bietet neben Sport- auch Erholungsprogramme sowie Massagen und ein Solebecken → S. 40

Grüne Pause: Ausruhen im Nordpark

Kilometerlange Wege durch grüne Gärten und bunte Blumenmeere lassen Sie den Alltag vergessen. Im *Nordpark* sind verschiedene Bereiche angelegt. Selbst einen Steingarten und einen japanischen Garten mit kleinem Wasserfall gibt es dort (Foto) → S. 50

Ein Nachmittag im Biergarten

Im Rheinland entspannt man sich nicht gern allein, sondern lieber in Gesellschaft und mit einem Bier in der Hand. Der *Biergarten der Rheinterrasse* ist dafür der ideale Ort → S. 60

Abwarten und Teetrinken in der Tea Lounge

Neue Energie tanken – das geht besonders gut bei einer Tasse Tee in der *Shennong Tea Lounge*. Das im asiatischen Stil eingerichtete Café ist wirklich gemütlich → S. 63

Ausgezeichnet erholen

Sauna, Massagen, Schönheitsbäder und andere Wellness-Anwendungen: Das *Momentum Spa* erhielt sogar internationale Auszeichnungen → S. 40

Mediterran: die Rheinuferpromenade

Wenn die Sonne scheint, ist die *Rheinuferpromenade* Pflicht. Lauschen Sie den Klängen von Straßenmusikern, schauen Sie beim Boccia zu, legen Sie sich auf die Wiese oder setzen Sie sich in eins der vielen Cafés → S. 17, 77

AUFTAKT

ENTDECKEN SIE DÜSSELDORF!

„C'est petit Paris!", soll Napoleon Bonaparte beim Anblick Düsseldorfs ausgerufen haben. Streng genommen ist dieser Satz nicht historisch belegt, aber was macht das schon? In Düsseldorf zitiert man das Bonmot gern und häufig – dass der schmeichelhafte Vergleich ziemlich hoch gegriffen ist, gefällt den Düsseldorfern ganz besonders. Denn: Sie lieben ihre Stadt. In zahlreichen Umfragen bewerteten sie die Lebensqualität hier als ***überdurchschnittlich hoch*** und katapultierten die Rheinmetropole damit im internationalen Vergleich in die Spitzenklasse.
Kein Wunder: Düsseldorf ist dynamisch, aber nicht hektisch, großstädtisch, aber überschaubar. Seine Bewohner sind unkompliziert und ihren Gästen aus der ganzen Welt zugetan. Zu den vielen attraktiven Seiten der Stadt gehören eine lebendige Kunstszene mit zahlreichen Galerien und Museen, eine wunderbar lange Promenade am Rheinufer, eine hohe Dichte an Kneipen, Cafés und Restaurants, quirlige Stadtviertel mit jeweils eigenem Charakter und Einkaufsmöglichkeiten für jeden Geldbeutel.

Vor allem aber liegen die Qualitäten Düsseldorfs – für Einwohner ebenso wie für Besucher – in einem Aspekt begründet, der sich nicht an Prachtgebäuden oder histo-

Bild: Neuer Zollhof, Medienhafen

risch bedeutenden Orten festmachen lässt. Es ist vielmehr das ***Lebensgefühl***, das sich überall in der nordrhein-westfälischen Landeshauptstadt bemerkbar macht. Auch wenn 17 Prozent der rund 600 000 Einwohner ausländischer Herkunft sind, ist die Atmosphäre eindeutig rheinischer Art.

Das heißt, man hat es gern locker, nimmt vieles nicht so genau, achtet darauf, es sich gut gehen zu lassen, und ist vor allem von einer Sache absolut überzeugt: Schöner als in dieser Stadt kann es nirgendwo sein. Da ist vollkommen egal, was andere Leute darüber denken. Dieses unzerstörbare ***Selbstbewusstsein*** äußert sich gern mal in Angebereien, in einer gewissen großtuerischen Art. Davon sollte man sich aber nicht beeindrucken lassen. Das ist oft gar nicht so ernst gemeint, bietet aber Gesprächsstoff und erleichtert die Kontaktaufnahme zu den Düsseldorfern. Manche werden diese Neigung zur Großspurigkeit und die hohe Wertschätzung der angenehmen Seiten des Lebens mögen, andere mag es auf den ersten Blick eher abschrecken. Doch hinter der nicht selten übertriebenen Selbstdarstellung verbirgt sich meist ein freundliches Wesen, ein ausgeprägter Sinn für Humor und eine geradezu ansteckende ***rheinische Fröhlichkeit***. Was oftmals wie Genusssucht herüberkommt, ist in Wahrheit warmherzige Lebensfreude, die sich im Feiern, im großzügigen Geldausgeben und in großen Auftritten niederschlägt – im „Spaß an der Freud'" eben, wie der Wahlspruch der Düsseldorfer lautet.

Schöner als hier kann es nirgendwo sein, weiß der Düsseldorfer

Nicht zuletzt die Modemacher profitieren davon. International geschätzte Couturiers wie Tristano Onofri, Toni Gard, Uta Raasch, Ursula Conzen oder Beatrice Hympendahl entwerfen hier die Mode, die die Damen und Herren der gehobenen Kreise zu schät-

Kunst prägt das Stadtbild: Installation "Die Flossis" am Roggendorf-Haus im Medienhafen

zen wissen und zu bezahlen bereit sind. Düsseldorfs Rang als **Modestadt** bezeugen auch die mehrmals jährlich stattfindenden diversen Modemessen.

Eine Gaudi, die unabdingbar zu Düsseldorf gehört, ist der **Karneval**: Ende Februar/ Anfang März steht die Stadt für ein langes Wochenende Kopf. Von Altweiberfastnacht (Karnevalsdonnerstag) bis zum nächsten Dienstag werden Unmengen von Altbier getrunken und die *Jecken* feiern und tanzen auf den Straßen sowie in den Kneipen – in originellen, prächtigen oder albernen Kostümen, mit Luftschlangen und Konfetti. Höhepunkt ist der Rosenmontag mit dem großen Karnevalszug durch die Innenstadt.

Aber irgendetwas ist eigentlich das ganze Jahr über los. Die Rheinländer zieht es generell ins Freie – nichts ist schlimmer, als in den eigenen vier Wänden zu hocken –, und auch in dieser Hinsicht sind die Düsseldorfer waschechte Rheinländer. Da gibt es an jedem Wochenende das Schaulaufen der Inlineskater am Rhein – wo sich im Übrigen alle zeigen, die gesehen werden möchten, und das sind nicht wenige. Bücherbummel (Büchermarkt), Jazz-Rally und Düsseldorf Festival bringen ebenfalls Zigtausende auf die Beine. Und buchstäblich zur Millionenstadt wird Düsseldorf im Juli, wenn die Bierzelte und Hightechkarussells der größten Kirmes am Rhein die Oberkasseler Uferwiesen in einen einzigen Vergnügungspark verwandeln.

Die Rheinländer zieht es generell ins Freie

Was die Düsseldorfer ja eigentlich gar nicht brauchen. Schließlich können sie sich jede Nacht an der **„längsten Theke der Welt"** vergnügen: in der Düsseldorfer Altstadt. Rund 260 Kneipen und Bars sind hier auf relativ kleinem Raum zu finden und bieten für jeden Geschmack etwas. Traditionelle Brauhäuser neben Studentenkneipen und Musikbars, Hähnchengrills, Pizzerien und Diskotheken, irischen Pubs und Intellektuellentreffs. Doch die Altstadt bietet nicht nur feuchtfröhliche Unterhaltung; günstig verteilt befinden sich hier auch die Kunstakademie, die Kunstsammlung Nordrhein-Westfalen mit einem bedeutenden Bestand moderner Kunst, das Hetjens-Museum, das Heinrich-Heine-Institut und das Filmmuseum.

Eine ständig schmerzende Wunde ist das Verhältnis zur Nachbarstadt Köln, der **ewigen Konkurrentin**. Auch dass Düsseldorf im Jahr 1288 eine Stadt wurde, hängt mit Köln zusammen: Weil die Düsseldorfer wacker in der Schlacht bei Köln-Worringen mitgekämpft hatten, erhob der Graf von Berg zum Dank – oder besser gesagt zum Ausbau seiner machtpolitischen Interessen – den günstig zwischen dem Rhein und der Ost-West-Handelsstraße, dem Hellweg, gelegenen Ort zur Stadt. Das änderte aber nichts, Düsseldorf blieb ein winziges, verschlafenes Dorf. Bis der sogenannte zweite Stadtgründer, Herzog Wilhelm von Berg, Ende des 14. Jhs. für das Nest einen großen Reliquienschatz anschaffte und Düsseldorf so einen Platz im Kreis der sieben wichtigsten Wallfahrtsorte des Rheinlands sicherte. Neben der Ehre bedeutete das auch eine sprudelnde Einkommensquelle für Gastwirte, Herbergsleute und manch anderes Gewerbe. Von dieser ***Vergangenheit als Pilgerort*** wissen heute selbst viele Düsseldorfer nichts mehr, obwohl sie eines der beliebtesten Feste, die große Kirmes auf den Rheinwiesen, dem Tag des Stadtheiligen Apollinaris verdanken.

Für das Selbstbewusstsein der Bürger ist auch Düsseldorfs Rolle als ***Hauptstadt des Landes Nordrhein-Westfalen*** nicht zu unterschätzen, wenngleich im Alltag wenig Aufhebens darum gemacht wird. Das Landtagsgebäude am Rhein ist das markanteste Zeichen dieser Ehre. Eine kontinuierliche Entwicklung als fürstliche Hauptstadt war Düsseldorf in der Vergangenheit nicht beschieden. Es blieb klein und eher unbedeutend. Als die Preußen an den Rhein kamen, lebten in Düsseldorf gerade einmal 20 000 Menschen, Handel und Gewerbe waren alles andere als blühend. Von der preußischen und protestantischen Beamten- und Militärgesellschaft waren die eher leichtlebigen katholischen Düsseldorfer wenig begeistert. Umso rasanter mutet bei dieser Zurückhaltung die Entwicklung zur Kunst- und Kulturstadt an.

Trotz kleinem Etat: Die Kunst ist im Stadtbild überall präsent

Obwohl Düsseldorf mit etwa fünf Prozent seines Etats im Vergleich zu anderen Städten eher wenig für Kultur ausgibt, ist die Kunst im heutigen Stadtbild überall präsent. ***Joseph Beuys*** allerdings – 1961 bis 1972 Professor an der Kunstakademie – wurde noch bis heute kein Denkmal gesetzt. Nur sein berühmter Filzhut ist im Stadterhebungsmonument verewigt. International gerühmt wurden die 2016 eröffneten sechs neuen U-Bahnhöfe, die Düsseldorfs Anspruch unterstreichen, Kunst ernst zu nehmen. Jeder Bahnhof ist eine Attraktion für sich, gestaltet von namhaften Künstlern, die alle an der Kunstakademie studierten. Da lohnt sich eine Fahrt mit Ausstieg an jeder Haltestelle!

Ökonomisch viel wichtiger und oft auch wahrnehmbarer als die Künste sind die Messen, die zu Düsseldorf gehören wie zu anderen Städten ein Dom. Waren solche Ausstellungen im 19. Jh. ein großes Ereignis, so sind sie heute längst der Normalfall, obwohl ca. ***40 Messen*** mit bis zu 1,5 Mio. Besuchern pro Jahr für die Einheimischen nicht immer ganz einfach zu verkraften sind. Seine Hauptrolle spielt Düsseldorf heute als bedeutendes internationales Handelszentrum und wichtiger Außenhandelsplatz der Bundesrepublik. Auch deshalb ist hier die mit rund 450 Firmen größte japanische Kolonie in Europa heimisch geworden.

Da ein gutes Image für die vielen Unternehmen und Institutionen lebenswichtig ist, herrschen hier beste Bedingungen für die Werbeindustrie. Vom Umsatz her ist Düsseldorf Deutschlands erfolgreichster Werbestandort. Am Rand des Industriehafens ist ein Viertel entstanden, in dem namhafte Architekten einander mit ihren avantgardistischen Bauwerken überbieten – das ***Medienviertel***. Fernsehsender, Filmfirmen und Galerien prägen diese schöne, neue Welt, die durch einige der besten Restaurants Düsseldorfs für viele Einwohner zur Attraktion geworden ist.

An der Rheinuferpromenade wird gebummelt, geredet, geschaut, genossen

Seit ihrer Zusammenlegung 2003 bilden die Neuss-Düsseldorfer Häfen den drittgrößten Binnenhafen Deutschlands nach Duisburg und Köln. Der Hafen ist damit ein bedeutender Wirtschaftsfaktor. Der Rhein spielt auch für das Heimatgefühl der Düsseldorfer eine herausragende Rolle, und die Anfang der 1990er-Jahre geschaffene ● ***Rheinuferpromenade*** ist zu einem ihrer Lieblingstummelplätze geworden. Entweder setzt man sich in eines der zahlreichen Cafés oder in eine der Kneipen, die in die ehemaligen Kasematten eingezogen sind, schaut sich an, wer so alles vorbeikommt, und staunt über die großen Containerschiffe, die Richtung Basel oder Holland ziehen. Oder man bummelt bis zum Medienhafen und lässt sich auf der Living Bridge nieder, die die Promenade am Handelshafen mit der ersten Landzunge der Speditionsstraße verbindet. Wieder andere genießen den Blick vom ***„Balkon am Wasser"***, der auf der ehemaligen Kranbahn an der Speditionsstraße entstanden ist. Viele weitere Vorzüge ihrer Stadt nehmen die Düsseldorfer eher gleichgültig hin. Doch darin liegt auch ihr großer Charme. Da es der Rheinmetropole an einer langen Geschichte mangelt, brauchen sich die Menschen nicht um die Pflege einer uralten Vergangenheit zu sorgen und so geben sie sich mit großem Schwung dem Hier und Jetzt hin, ohne deshalb auf bewährte Annehmlichkeiten zu verzichten. Sie sind offen für Neues und für Fremde – die hier meist nicht lange Fremde bleiben.

Ort der Heimatgefühle: der Rhein

IM TREND

1 Rauf auf den Rhein

Sport Gemütliche Fahrten mit dem Ausflugsboot waren gestern. Vater Rhein lädt heute zu sportlichen Entdeckungstouren ein. Mit Kanu oder Kajak erkunden Aktive die Stadt vom Wasser aus auf eigene Faust *(www.wikinger-kanufreunde.de)* oder sie machen sich mit dem *Verein Rheintreue (www.rheintreue.com)* zum Kanuwandern auf dem Fluss auf. Keine Angst vorm Nasswerden sollten Rafter haben: Mit *Querfeldeins (www.river-rafting.de)* geht es zum Ultra-Rafting auf die Erft bis zur Rheinmündung.

2 Kaffeekultur

Privatröstereien Kein kalter Kaffee: In der *Kaffee Privatrösterei (Schwerinstr. 23 | www.die-kaffee.de)* in Pempelfort werden die Bohnen erst vor Ort geröstet! Den schmackhaften und besonders bekömmlichen Kaffee können Sie hier entweder direkt genießen oder für zu Hause mitnehmen. Auch in der Oberkasseler *Kaffeeschmiede (Belsenstr. 11 | www.kaffeeschmiede.de)* sowie im *Röstzeit (Oststr. 115 | www.roestzeit.de)* in der Innenstadt gibt es frisch geröstete Spezialitäten.

3 Tagtraum

Stadtstrände An heißen Tagen ist der *Paradiesstrand (Bremer Str. 47 | Zugang über Fußgängerbrücke im Medienhafen)* die Adresse für Sonnenanbeter und Sandburgenbauer. Abseits des Citytrubels entspannt man bei herrlichem Panoramablick auf Altstadt, Oberkassel, Rheinturm und Medienhafen. Füße in den Sand stecken, heißt es auch im *Treibgut (Mo–Do 17–1, Fr/Sa 14–3, So 14–1 Uhr | Ronsdorfer Str. 134 | www.treibgut-duesseldorf.de)*, einer Strandbar mit Lagerfeuer, Pool und Sonnensegeln im sonst eher industrielastigen Lierenfeld.

In Düsseldorf gibt es viel Neues zu entdecken. Das Spannendste auf diesen Seiten

Tauschen statt shoppen

4

Straßenbibliothek Die Urlaubslektüre ist erschöpft und Sie suchen neuen Lesestoff? Dann lohnt ein Abstecher zu einem der *Offenen Bücherschränke*: Hier können Sie Bücher abgeben und gegen die gelesenen Exemplare anderer eintauschen. So erleichtert man das Reisegepäck und macht vielleicht noch jemandem eine Freude. Die Bücherschränke sind frei zugänglich und gut gepflegt. Dafür sorgen ehrenamtliche Paten aus der Bevölkerung. Die schicken *book boxes* befinden sich an mittlerweile fünf Standorten: in *Gerresheim (Gerricusplatz)*, *Unterbilk (Friedensplatz)*, im *Zooviertel (Schillerplatz)*, in *Pempelfort (Roßstr.)* und am *KIT* an der Rheinuferpromenade.

Kreative Impulse

5

Kunst im Dialog Kultur ist in Düsseldorf lebendig. Viele Museen und Galerien laden regelmäßig zum Mitmachen ein und bieten Werkgespräche, offene Diskussionsrunden sowie Workshops zu den aktuellen Ausstellungen an. Auch spezielle Angebote für Kinder stehen auf dem Programm. Eine gute Veranstaltungsübersicht gibt es auf *www.art-in-duesseldorf.de* sowie auf *www.musenkuss-duesseldorf.de*, einer Suchmaschine für Angebote der kulturellen Bildung. Nicht gelistet, aber sehr spannend: die Montagsgespräche des *onomato Künstlervereins e.V. (Birkenstr. 97 | www.onomato-verein.de)* im Szeneviertel Flingern. Hier können sich Interessierte über Aspekte der bildenden Kunst, Sprache, Dichtung oder Philosophie austauschen. Neben Vorträgen und Ausstellungen gehören auch ungewöhnliche Projekte aus den Bereichen Video- und Klangkunst zum vielfältigen Repertoire des gemeinnützigen Vereins.

FAKTEN, MENSCHEN & NEWS

DIE TOTEN HOSEN

Einige der berühmtesten Düsseldorfer Kinder sind *Die Toten Hosen*. Die Band hat sich 1982 gegründet und die Punkszene seitdem stark geprägt. Die Musiker können auf mehr als 22 Mio. verkaufte Platten stolz sein. Damit gehören Campino und Co. zu den erfolgreichsten deutschsprachigen Bands der Musikgeschichte. Gut für Düsseldorf, dass die Jungs in all den Jahren immer wieder ihre große Liebe zur Heimatstadt betont haben – und zum Fußballverein Fortuna Düsseldorf, den sie häufig finanziell unterstützten. Zeitweilig waren sie mit ihrem Totenkopf-Logo sogar Trikotsponsoren des Clubs. Ihre Heimatverbundenheit demonstrieren sie auch auf ihrer Internetseite *www.dietotenhosen.de*: Bei einer digitalen Stadtführung geben die Punker Tipps zum Ausgehen, Shoppen oder Essengehen. Und sogar über den Tod hinaus wollen sie ihrer Stadt treu bleiben: Auf dem Südfriedhof ist bereits ein Grab für 17 Personen gemietet.

DÜSSEL

Die Frage nach dem Lauf der Düssel würde selbst viele Einheimische in Verlegenheit bringen. Kein Wunder, denn sie fließt häufiger unterirdisch als überirdisch. Nur auf kurzen Strecken taucht sie hier und da als kanalisierter Bach im Stadtbild auf. Noch dazu bildet das lediglich 40 km lange Flüsschen auf dem Düsseldorfer Stadtgebiet ein veritables, vierarmiges Delta. Seine beiden Hauptarme münden, den Blicken entzogen, am

Bild: Rheinuferpromenade; Blick auf Rheinturm und Rheinkniebrücke

Städtischer Glanz früher und heute: Messen und Medien, Heinrich Heine und Die Toten Hosen – Düsseldorf hat viele Seiten

Schlossturm und beim alten Binnenhafen in den Rhein. Bemerkbar macht sich die Düssel vor allem dort, wo ihr Wasser zur Stadtverschönerung beiträgt. Das ist bei der Teichanlage im Volksgarten, beim Schwanenspiegel am Ständehaus und beim Kö-Graben auf der Königsallee der Fall. Ihrem Namen macht sie keine Ehre – die Brausende, so müsste man das Wort Düssel nämlich übersetzen. Die Düsseldorfer hängen trotzdem an ihr. Als das Dorf an der Düssel Ende des 19. Jhs. auf 200 000 Einwohner angewachsen war, fassten die Stadtväter übrigens eine Umbenennung ins Auge und plädierten für Düsselstadt. Die Bescheidenheit der Düsseldorfer vereitelte diesen Plan.

DÜSSELDORFER MALERSCHULE

Joseph Beuys, Jörg Immendorff, Markus Lüpertz: Namen, die für die zeitgenössische moderne Kunst in Düsseldorf stehen – und für drei Professoren an der von Kurfürst Karl Theodor im 18. Jh. gegründeten Kunstakademie, einem international bekannten Haus mit Tradition. Dort rief Wilhelm von Schadow 1826 die Düsseldorfer Malerschule ins Leben, deren Mitglieder als rebellische Realisten den Alltag des preußischen Bürgertums in ihren Werken skizzierten. 1848 forderten sie sogar die Aufnahme des Rechts auf Kunst und Kultur in die Verfassung, die in der Paulskirche ausgearbeitet wurde. Experten vergleichen die von der Malerschule ausgehenden Impulse mit denen des Dessauer Bauhauses. Auch auf Theater, Musik und Literatur übte sie eine Sogwirkung aus. Karl Immermann, Felix Mendelssohn Bartholdy, Robert und Clara Schumann, Gustav Lindemann und Gustaf Gründgens wirkten u. a. in Düsseldorf. Wie 2012 eine große Ausstellung zeigte, war die Düsseldorfer Malerschule zu ihrer Zeit Weltklasse. Sie brachte die Malerei technisch und inhaltlich enorm weiter. Die Akademie zog viele Studenten aus dem Ausland an, die das Gelernte dann in ihre Heimat brachten und so den Wirkungskreis der Schule vergrößerten. Manche Gemälde, die zu den Ikonen eines Landes gehören, sind hier entstanden. So z. B. „Washington Crossing the Delaware" von 1851, das der Deutschamerikaner Emanuel Leutze malte und das Eindrücke der Flusslandschaft am Rhein wiedergibt. Kaum ein Amerikaner weiß, dass dieses heute im New Yorker Metropolitan Museum of Art hängende Bild in Düsseldorf geschaffen wurde.

FAIRTRADE

Seit 2011 ist Düsseldorf ganz offiziell eine *Fairtrade-Stadt* und gehört damit wie auch London, Brüssel oder Rom zu einem Kreis internationaler Metropolen, die sich um die Förderung des fairen Handels verdient gemacht haben. Das betrifft zum einen die Stadtverwaltung selbst, die nur noch fair hergestellte Produkte anschafft. Zum anderen soll es den Bürgern erleichtert werden, fair gehandelte Produkte einzukaufen. Dafür wurde ein Stadtplan erstellt, der eine Übersicht über Geschäfte, Restaurants und weitere Anbieter gibt, die fair gehandelte Produkte verarbeiten oder verkaufen. Er ist auf der Internetseite der Stadt einzusehen. Die Teilnahme an der Fairtrade-Kampagne ist für die Düsseldorfer ein weiterer Schritt, um die Ziele der Agenda 21, eines weltweiten Aktionsplans zur Lösung der wichtigsten Umwelt- und Entwicklungsprobleme des 21. Jhs., umzusetzen. Deshalb gibt es in Düsseldorf nicht nur fair gehandelten Kaffee und Öko-Blumenhändler, sondern auch Leihfahrradsysteme, mehr Grünflächen, kinderfreundlich gestaltete Straßen und vieles mehr, was das Leben für Bürger und Besucher positiv verändert.

GLANZ UND GLAMOUR

In der Außenwahrnehmung wird Düsseldorf gern auf die Existenz der Königsallee und auf die dort einkaufenden und speisenden Kreise reduziert. Diese tummeln sich bevorzugt auch im neu eröffneten *Kö-Bogen*: Das vom New Yorker Star-Architekten Daniel Libeskind entworfene Gebäude beherbergt neben Büroflächen zahlreiche Filialen internationaler Luxuslabels und wurde 2014 auf der Immobilienmesse MIPIM in Cannes als weltbestes Gebäude in der Kategorie Stadterneuerung ausgezeichnet. Das architektonische Glanzstück verbindet Königsallee und Hofgarten und verleiht der Innenstadt zusammen mit der 2016 eröffneten Wehrhahnlinie ein neues Gesicht. Aushängeschild des neuen U-Bahn-Teilstücks sind die hochmodernen und künstlerisch gestalteten Bahnhöfe.

Düsseldorfs ehrgeizige Bauprojekte sind das Resultat einer stabilen Entwicklung: Die Stadt ist seit 2007 schuldenfrei, wächst kontinuierlich und zeigt sich

Der Kö-Bogen setzt in Düsseldorfs Innenstadt einen neuen Akzent

zukunftsorientiert – Glanz und Glamour beruhen also auf soliden Grundlagen. Städtische Impressionen fernab des Schickimicki-Klischees sind unter *www.dein.duesseldorf.de* zu finden.

HAFEN UND RHEINSCHIFFFAHRT

Als Großstadt am meistbefahrenen Strom der Erde ist Düsseldorf natürlich auch eine Hafenstadt. Der allererste Hafen bestand aus einem einzigen kleinen Becken im Herzen der Altstadt – in den 1980er-Jahren wurde er wieder freigelegt und rekonstruiert. 1814 erhielt die Stadt einen neuen Schutzhafen gleich hinter der Kunstakademie, der für Dampfschiffe bald ebenfalls zu klein war und zugeschüttet wurde, als sich die Stadt 1896 einen hochmodernen Hafen mit sechs Becken flussaufwärts in einer Rheinschleife zulegte. Zwei davon, der Berger Hafen und der Zollhafen, sind heute in die grandiose Kulisse des Medienhafens einbezogen; der Zollhafen dient als Sporthafen. Nach einer langen Phase der Rivalität kooperieren die Häfen von Düsseldorf, Neuss und Köln mittlerweile. Gemeinsam bringen sie es auf einen Umschlag von 41 Mio. t jährlich und reichen damit fast an den größten Binnenhafen Europas heran, den Duisburger Hafen (53 Mio. t). Die Kaianlagen am Rheinufer nutzen heute nur noch Ausflugsschiffe. Düsseldorf besitzt aber auch eine eigene Schifffahrtslinie. Deren Dampfer leisteten sich im 19. Jh. regelrechte Wettfahrten mit den Schiffen der Kölner Konkurrenz, die nicht immer gut ausgingen. Die Zeit waghalsiger Überholmanöver auf dem Rhein war vorbei, als 1967 beide Gesellschaften zur Köln-Düsseldorfer (KD) fusionierten. Heute verkehren die 21 Kreuzfahrtschiffe der KD nicht nur auf dem Rhein und seinen Nebenflüssen, sondern auch auf der Donau.

HEINRICH HEINE

Eine Straße im Zentrum, eine U-Bahn-Station und die Universität tragen seinen Namen. Die Düsseldorfer sind stolz auf Heinrich Heine, den berühmtesten Sohn ihrer Stadt, dessen Leben und Werk von Wissenschaftlern an einem eigens dafür geschaffenen Institut erforscht werden. Ein Düsseldorfer Ehepaar kümmert sich gar um die Pflege des Loreley-Brunnens in New York. Dieser sollte eigentlich als Geschenk von Kaiserin Elisabeth von Österreich am Rhein seinen Platz finden. Doch früher konnte dort von Liebe zu dem Poeten keine Rede sein – den Brunnen wollte man nicht haben, ging zu dem Juden und kritischen Geist auf Distanz.

Als die Stadt 1997 den 200. Geburtstag des Literaten ganz groß feierte, lag der letzte Zoff um den Dichter nur einige Jahre zurück: Erst nach massiven Protesten hatten die Studenten die Benennung der Düsseldorfer Hochschule nach Heine durchsetzen können. In seinem Geburtshaus in der Bolkerstraße 53 befindet sich heute das Literaturhaus mit Veranstaltungsräumen, einer Buchhandlung und einem Restaurant. Wetten, dass Heinrich Heine sich darüber freuen würde?

JAN WELLEM

Das Standbild des Kurfürsten steht bis heute auf dem Marktplatz. Johann Wilhelm, so sein richtiger Name, war zwar kein erfolgreicher Politiker, doch sein prunkvoller Lebensstil imponierte den Bürgern. Der Rubens-Sammler galt als Mäzen internationaler Künstler. Doch mit seinem Tod 1716 war der Glanz vorbei: Jan Wellem hatte auf Pump genossen. Düsseldorf war pleite, musste seine 383 Straßenlaternen aus Kostengründen wieder ausknipsen. Immerhin verblieb die Rubens-Sammlung in der Stadt – bis Napoleon Gefallen an ihr fand.

Ein Typ mit Sinn fürs Schöne: Als Statue behält Jan Wellem seine Stadt noch heute im Blick

MEDIEN UND KOMMUNIKATION

Düsseldorf ist die deutsche Werbemetropole. Zwar sind nur halb so viele Agenturen in der Stadt ansässig wie in Berlin oder Hamburg, nach Etatvolumen liegt Düsseldorf aber an der Spitze. Auch die Top 3 der Branche haben hier ihren Sitz. Das kreative Umfeld sowie die ausgezeichnete Infrastruktur mit Filmproduktionsfirmen, Ton- und Grafikstudios, Modelagenturen und Druckereien bieten ideale Arbeitsbedingungen. Dasselbe gilt für die 1500 Unternehmen, die Düsseldorf zum landesweit führenden Standort der Informations- und Telekommunikationsindustrie machen.

Auch die Medien sind in der Stadt am Rhein gut vertreten. Der WDR hat im Hafen seine schmucke Sendezentrale errichtet. Fast nebenan liegt das Studio des Radiosenders Antenne Düsseldorf. In den Schadow-Arkaden ist der lokale Fernsehsender Center.tv beheimatet – in Nachbarschaft zur Lokalredaktion der Rheinischen Post, die ihren Hauptsitz im Stadtteil Heerdt hat. Weitere große in Düsseldorf ansässige Unternehmen sind das Handelsblatt, die Deutsche Fernsehnachrichten Agentur (DFA) oder QVC.

MUSIKLEBEN

Die Düsseldorfer sind verrückt nach klassischer Musik. Viele große Komponisten haben deshalb gern hier gearbeitet. 1833 kam Felix Mendelssohn Bartholdy für zwei Jahre als Generalmusikdirektor nach Düsseldorf. Er fand seinen Aufenthalt in der Stadt „ungemein angenehm" und leitete hier viermal das Niederrheinische Musikfest. 1836 gab es bei dieser Veranstaltung die Uraufführung seines Oratoriums „Paulus". Als Robert Schumann 1850 den Posten des Musikdirektors übernahm, beflügelte ihn der begeisterte Empfang zu zu einem seiner bekanntesten Werke, der „Rheinischen Symphonie". In Düsseldorf besuchte ihn auch der junge Johannes Brahms, der 1884 das Niederrheinische Musikfest leitete. Schumanns Wirken in Düsseldorf endete allerdings tragisch: Nachdem er versucht hatte, sich durch einen Sprung in den Rhein das Leben zu nehmen, wurde er 1854 in eine Heilanstalt bei Bonn eingeliefert, wo er zwei Jahre später starb.

Für klassische und moderne Musik begeistern sich die Düsseldorfer bis heute. Die Symphoniker genießen den besten Ruf. Famoser Arbeitsplatz dieser 120-köpfigen Truppe ist die Tonhalle. Rund 300 Konzerte im Jahr gibt es hier, darunter nicht nur klassische. Das Programm der „Jungen Tonhalle" deckt viele Stile ab. Deutschlandweit einzigartig ist das Jugendsinfonie-Orchester, und der Städtische Musikverein stellt einen der ältesten gemischten Konzertchöre der Welt dar. Noch zwei weitere Einrichtungen tragen zu Düsseldorfs Ruf als Musikstadt bei: An der Robert-Schumann-Musikhochschule werden Studenten aus rund 40 Nationen zu Profi-Musikern ausgebildet – die Schwerpunkte: Oper und Kirchenmusik. Und an der Clara-Schumann-Musikschule lernen fast 8000 Schüler Musikinstrumente, Chorgesang und Tanz.

NEANDERTAL

Im idyllischen Neandertal (man schreibt es seit der Rechtschreibreform 1901 ohne „h", während das Museum die ursprüngliche Schreibweise behalten hat) wurden 1856 in einer Grotte die Knochenreste des seither berühmtesten Urmenschen gefunden. 1996 eröffnete in Mettmann das ★ *Neanderthal-Museum (Di–So 10–18 Uhr | Eintritt 9 Euro | Talstr. 300 | Mettmann | www.neanderthal.de)*, das die Menschheitsgeschichte von ihren Anfängen vor 4 Mio. Jahren bis heute als atemberaubendes Erlebnis präsentiert. Der Besucher wird wie auf einer Spirale durch fünf Themenräume und einen Zeittunnel geleitet. Neandertaler gibt es als lebensechte Dermoplastiken zu sehen. Vom Museum führt ein Weg mit Stationen zur Natur-, Kultur- und Industriegeschichte durch das Neandertal bis zum berühmten Fundort.

SEHENSWERTES

WOHIN ZUERST?
Der ideale Ausgangspunkt ist der **Burgplatz (116 B3)** ***(🕮 D9)***. Von hier aus können Sie den Blick über die Rheinuferpromenade und den Fluss selbst, über den Stadtteil Oberkassel und bis zum Medienhafen schweifen lassen. In der Altstadt warten die Kunstsammlung, das Rathaus, St. Lambertus und vieles mehr. Die Parkhäuser am Ratinger Tor, am Grabbeplatz, am Carlsplatz und an der Heinrich-Heine-Allee sind gut ausgeschildert. Mit der U- oder Straßenbahn fahren Sie bis zur Haltestelle Heinrich-Heine-Allee, die von vielen Linien angefahren wird.

Besuchern fällt als Erstes das nahezu überall präsente Grün in der Stadt auf. Rund 30 Parkanlagen sowie zahlreiche private Gärten und Terrassen begründen Düsseldorfs Ruf als Gartenstadt. In vielen Parks werden Kunst und Natur zusammengebracht – was angesichts der Kunstakademie nur logisch ist.

Die Stadt selbst trat als Auftraggeber für Skulpturen jedoch seltener auf, die meisten stammen von privaten Stiftern. Daher fehlt den Kunstwerken auch häufig der direkte Bezug zu ihrem Standort, sie spielen eher eine ausschmückende Rolle – aber die spielen sie gut.

Selbst in der üppigen Museumslandschaft Nordrhein-Westfalens hat sich Düsseldorf einen hervorragenden Ruf erworben. Die Stadt blickt auf eine lan-

Bild: Schlossturm am Burgplatz

Streifzüge durch eine grüne Metropole: Parks, moderne Kunst und ein schiefer Turm – Düsseldorf ist eine attraktive, lebendige Stadt

ge Tradition als Kunstort zurück; durch das große Engagement vieler Mäzene sind zudem weitere Sammlungen entstanden, die auch verwöhnte Museumsbesucher interessieren. Eine Lokalgröße unter den Sammlern war Mutter Ey. Die ehemalige Bäckerin und Lokalbesitzerin ließ sich die Schulden von Künstlern mit Bildern statt mit Geld bezahlen. Sie entwickelte sich zur Kunstkennerin und verkaufte vor dem Ersten Weltkrieg auch Bilder der Düsseldorfer Schule. Nach dem Krieg wurde ihr Laden zu einer Galerie, in der u. a. Max Ernst, Gert H. Wollheim, Otto Pankok und Karl Schwesig ein und aus gingen.

Nach dem Zweiten Weltkrieg brachten die Gruppe 53 und Zero mit Heinz Mack, Otto Piene und Günter Uecker Düsseldorf als moderne Kunststadt ins Gespräch. Einer der bekanntesten Künstler und Professoren war Joseph Beuys. In jüngerer Zeit lehrten in der Kunstakademie Markus Lüpertz, Gerhard Richter, Nam June Paik, Alfons Hüppi, Konrad Klapheck, Gerhard Merz und Jörg Immendorff.

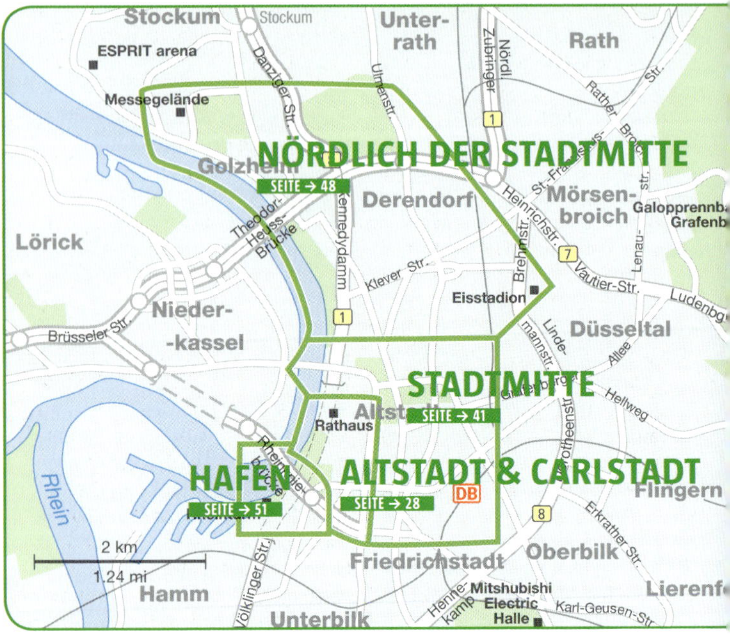

Die Karte zeigt die Einteilung der interessantesten Stadtviertel. Bei jedem Viertel finden Sie eine Detailkarte, in der alle beschriebenen Sehenswürdigkeiten mit einer Nummer verzeichnet sind

Auf der sogenannten Kunstachse zwischen Museum Kunstpalast und dem Kunstmuseum im Ehrenhof, der Akademie, der Kunstsammlung und der Kunsthalle bzw. dem Kunstverein können Sie auf kurzen Wegen unterschiedliche Kunststile vieler Epochen in den ständigen Sammlungen und Wechselausstellungen erleben.

Auch die moderne Architektur im Medienhafen lohnt einen Besuch. Und natürlich ist ein Bummel an der schönen Rheinuferpromenade ein Erlebnis. Wer viel von der Stadt sehen und dabei seine Füße schonen möchte, mietet sich ein Fahrrad an einer der vielen Stationen (u. a. am Burgplatz, am Hauptbahnhof, im Medienhafen, an den Rheinterrassen) von *nextbike (2 Euro/Std., 9 Euro/Tag | Hotline Tel. 030 69 20 50 46 | www.nextbike.de)* (s. S. 111).

ALTSTADT & CARLSTADT

Die beiden kleinsten Stadtteile Düsseldorfs, die Altstadt und die Carlstadt, sind der erste Anlaufpunkt für Touristen.

Hier finden Sie den historischen Kern der Stadt, die bekannte „längste Theke der Welt", Shoppingmöglichkeiten, elegante jahrhundertealte Häuser und das schöne Rheinufer, das viel Raum zum Flanieren und Schauen bietet.

1 INSIDER TIPP AKADEMIE-GALERIE (116 B3) (*D9*)
Das altehrwürdige Gebäude am Burgplatz war einst der Sitz der Kunstgewerbeschule. Heute ist es als Akademie-Galerie zum jüngsten Treffpunkt der Düsseldorfer Kunstszene avanciert. In Ausstellungsräumen werden Werke der Professoren und bekannten Absolventen der Kunstakademie präsentiert. Zu den Künstlern zählen z. B. Ewald Mataré, Bruno Goller, Erwin Heerich, Markus Lüpertz und Joseph Fassbender. Das Archiv stellt unter dem Motto „Die Neue Sammlung" Nachlässe der Lehrenden und Informationen über sie zusammen und ist Interessierten zugänglich. Aktuelle Ausstellungstermine finden Sie auf der Website. *Mi–So 12–18 Uhr | Burgplatz 1 | www.kunstakademie-duesseldorf.de/galerie | U-Bahn Heinrich-Heine-Allee*

2 AUSEINANDERSETZUNG (116 C4) (*E9*)
Kunst zum Mitreden! Die beiden Streithähne des Düsseldorfer Bildhauers Karl-Henning Seemann stehen nicht auf einem Sockel, sondern ebenerdig mitten in der Altstadt und zanken sich. Wer die zwei zum ersten Mal sieht, will gleich Partei ergreifen. *Mittelstr./Grabenstr. | U-Bahn Heinrich-Heine-Allee*

3 BURGPLATZ ● (116 B3) (*D9*)
Stimmungsvoll, belebt, urban – der Burgplatz in der Altstadt im Schatten des Schlossturms ist für die Düsseldorfer das, was für die Italiener die Piazza ist. Bei gutem Wetter kann man hier unter freiem Himmel essen oder sich auf die breite Ufertreppe setzen, um den Blick auf den Rhein oder den Sonnenuntergang zu genießen. Seit der Verkehr der Rheinuferstraße in einen Tunnel verbannt wurde, trennt nichts mehr den Burgplatz vom Fluss. Er ist daher der ideale Ausgangspunkt für Spaziergänge auf der neuen Rheinpromenade, die u. a. an einem freigelegten Becken des alten Hafens vorbeiführt. Vor allem an den Wochenenden scheint jeder Düsseldorfer auf den Beinen zu sein, um die Rückkehr der Stadt

MARCO POLO HIGHLIGHTS

★ **Jan-Wellem-Reiterstandbild**
Das älteste Standbild in der Stadt zeigt den Kurfürsten hoch zu Ross → S. 34

★ **Kunstsammlung NRW K20 und K21**
Moderne Kunst in der Düsseldorfer Altstadt → S. 35, 36

★ **Hofgarten**
Düsseldorfs alter Lustgarten – noch heute eine Wonne → S. 44

★ **Königsallee (Kö)**
Exklusiver Shopping-Boulevard → S. 45

★ **Aquazoo Löbbecke Museum**
Wunderbare Wasserwelten → S. 48

★ **Nordpark**
Herrliche Anlage zum Flanieren → S. 50

★ **Neuer Zollhof**
Expressive Bauten des Architekten Frank O. Gehry → S. 52

★ **Rheinturm**
Verschafft den besten Überblick über die Stadt – an klaren Tagen reicht die Sicht bis zum Kölner Dom → S. 53

★ **Kaiserswerth**
Zahlreiche schöne Winkel in der alten Pfalz entdecken → S. 56

★ **Schloss Benrath**
Ein Kleinod der Gartenarchitektur ist die Anlage dieses spätbarocken Schlosses → S. 57

an ihren Fluss zu feiern. *U-Bahn Heinrich-Heine-Allee*

4 CARSCH-HAUS (116 C4) (*E9*)

Das Carsch-Haus hat im wahrsten Sinne des Wortes eine bewegte Vergangenheit: Ursprünglich befand es sich nämlich 20 m vom heutigen Standort entfernt. Durch den U-Bahn-Bau musste der Heinrich-Heine-Platz umgestaltet werden und das 1915 als Kaufhaus für Herrenkleidung eröffnete Gebäude stand im Weg. Doch gegen einen Abriss des eleganten, von der Kaufmannsfamilie Carsch im neoklassizistischen Stil errichteten Gebäudes erhoben die Denkmalschützer heftigen Einspruch. Nach langen Diskussionen einigte man sich schließlich mit dem Eigentümer, der Horten AG, auf eine sogenannte Translozierung. Stück für Stück wurden die Teile der von Jugendstilelementen geprägten Fassade abgetragen, nummeriert und konserviert. Die Fassadenteile setzte man dann auf den Neubau. Vor dem Gebäude steht ein restaurierter Eisenpavillon aus dem Jahr 1906, um den herum sich an schönen Tagen die Menschen tummeln und Straßenmusikern lauschen. *Heinrich-Heine-Platz 1 | U-Bahn Heinrich-Heine-Allee*

Eine schöne Mogelpackung: Nur die Fassade des Carsch-Hauses ist echter Jugendstil

5 INSIDER TIPP CONZEN-SAMMLUNG (116 C5) (*E9*)

Im sogenannten Alten Haus in der Altstadt, das als das schönste Düsseldorfer Bürgerpalais des 18. Jhs. gilt, befindet sich ein Privatmuseum. Friedrich G. Conzen, Inhaber verschiedener Kunsthandlungen und einer traditionsreichen Rahmenwerkstatt, hat eine einzigartige Sammlung an Bilderrahmen von der Gotik bis zum 20. Jh. zusammengetragen – rund 1200 Stück. Der älteste Rahmen stammt aus dem Jahr 1450. Die Objekte sowie eine Führung durch die schönen, mit antiken Möbeln ausgestatteten Räume vermitteln Aspekte der Kunstgeschichte, die sonst eher stiefmütterlich behandelt werden.

SEHENSWERTES IN ALTSTADT & CARLSTADT

Fußgängerzone

1 Akademie-Galerie
2 „Auseinandersetzung“
3 Burgplatz
4 Carsch-Haus
5 Conzen-Sammlung
6 Filmmuseum
7 Heinrich-Heine-Denkmal
8 Heinrich-Heine-Institut
9 Hetjens-Mus./Dt. Keramikmus.
10 Jan–Wellem-Reiterstandbild
11 Kunsthalle
12 Kunstsammlung NRW K20
13 Kunstsammlung NRW K21
14 Mahn- und Gedenkstätte
15 Palais Wittgenstein
16 Radschlägerbrunnen
17 Rathaus
18 Sankt Andreas
19 Sankt Lambertus
20 Schifffahrt-Museum im Schlossturm
21 Schneider Wibbel
22 Senfmuseum
23 Stadterhebungsmonument
24 Stadtmuseum
25 Wilhelm-Marx-Haus

Die Laternae magicae im Filmmuseum stammen aus der Zeit, als die Bilder laufen lernten

Eine ebenso große Attraktion ist die Ausstellung alter Düsseldorfer Stadtansichten, von denen einige noch im Originalrahmen ihrer Zeit gefasst sind. Neben Stichen mit Szenen des Gesellschaftslebens gibt es auch einige schöne Plakate mit Aufführungsankündigungen des Schauspielhauses aus den 1920er-Jahren. *Öffnungszeiten nach Vereinbarung | Bilker Str. 5 | Tel. 0211 86 68 10 | www.conzen.de | U-Bahn Benrather Straße*

6 FILMMUSEUM ● (116 B4) (*⊞ D9*)

1993 wurde das Filmmuseum in der Altstadt eröffnet. Es teilt sich das Gebäude mit dem Keramikmuseum. Das gemeinsame Foyer, in dem das Motiv „Licht" durch vielfältige Installationen präsentiert ist, wurde von dem bekannten Künstler Heinz Mack entworfen. Die aufwendig inszenierte, lebendige Dauerausstellung führt den Besucher durch alle Jahrzehnte der Filmgeschichte. Zu den Exponaten zählen u. a. Originalkostüme der Stars, Requisiten aus Filmklassikern sowie alte Kameras und Equipment. Wechselnde Sonderausstellungen ergänzen das Programm. Das hauseigene Kino, die Black Box, zeigt oft Filmklassiker. Im Dachgeschoss ist ein Filmstudio mit allem, was dazugehört, nachgebaut – Hollywood in Düsseldorf! *Di, Do–So 11–17, Mi 11–21 Uhr | Eintritt 5 Euro | Schulstr. 4 | www.filmmuseum-duesseldorf.de | Straßenbahn 706, 708, 709 Poststraße | U-Bahn Benrather Straße*

7 HEINRICH-HEINE-DENKMAL (116 C6) (*⊞ E10*)

Die Geschichte der Denkmäler für Heinrich Heine ist lang und wahrlich nicht rühmlich für die Stadt. Sie beginnt 1887 mit Kaiserin Elisabeth von Österreich, einer glühenden Heine-Verehrerin, die der Stadt ein Denkmal für den Dichter schenken wollte. Eine nationalistisch-antisemitische Hetzkampagne im Preußen der Hohenzollern gegen das Geschenk der Habsburger und gegen den „nestbeschmutzenden" Dichter bewirkte, dass das Angebot sechs Jahre später wieder zurückgezogen wurde. Auch Anfang des 20. Jhs. konnte sich die Stadt nicht dazu entschließen, ein Denkmal aufzustellen. Selbst die Proteste von Schriftstellern und Künstlern aus aller Welt, von Käthe Kollwitz über Selma Lagerlöf bis Maxim Gorki, gegen die Verschleppungstaktik der Stadt bewirkten nichts. Aber mit dem Denkmalfonds, der anlässlich des Sisi-Geschenks eingerichtet worden war, konnte immerhin eine Heine-Sammlung erworben werden, die zum Grundstock für das 1970 gegründete Heine-Institut wurde. Das zum 125. Todestag des Dichters vom Düsseldorfer Bildhauer Bert Gerresheim geschaffene Denkmal am Schwanenmarkt nimmt die zwiespältige Haltung der Stadt und der Deutschen zu Heine auf. Es ist ein „Fragemal", eine Vexierlandschaft aus der aufgesprengten Totenmaske, verschiedenen Anspielungen auf das Leben des Schriftstellers und Zitaten aus seinem Werk. Das provozierende Denkmal hat lebhafte Debatten ausgelöst und reiht sich in dieser Hinsicht in die Geschichte des Denkmalstreits ein. *Schwanenmarkt | Straßenbahn 706, 708, 709 | Bus SB85 Poststraße*

8 HEINRICH-HEINE-INSTITUT

(116 C5) (*E9*)

Das Institut ist Forschungsstätte und Museum zugleich. Es dokumentiert wichtige Stationen in Heines Leben und seiner Arbeit. Fast die Hälfte aller existierenden Heine-Autografen befindet sich hier. Großen Raum nimmt auch die Rezeptionsgeschichte ein, seien es die Vertonungen der Werke oder die Auseinandersetzungen moderner Künstler mit Heine. Zahlreiche Veranstaltungen und Wechselaus-

BÜCHER & FILME

Königsallee – Hans Pleschinski lässt Thomas Mann 1954 nach Düsseldorf reisen. Ein kenntnisreicher Roman aus dem Jahr 2013 rund um Liebe, Verantwortung und Literatur

Das rote U – Jugendbuchklassiker (1932 erschienen) von Wilhelm Matthiessen. Ein paar Jungs kommen in der Altstadt der 1920er-Jahre einem geplanten Verbrechen auf die Spur

Düsseldorf. Rezepte und Lebensart – Das Kochbuch (2010) enthält nicht nur rheinische Rezepte wie Senfrostbraten, Forellenfilet und Champagnermousse. Darin werden auch Düsseldorfer Geschichten erzählt, es beinhaltet Einkaufstipps und ist mit vielen Bildern bestückt

Tatort Düsseldorf. Kriminales aus 100 Jahren – Clemens-Peter Bösken, Richter am Düsseldorfer Amtsgericht, ist bekannt für seine Bücher über lokale und historische Prozesse. In diesem (2004) beleuchtet er spektakuläre Kriminalfälle aus 100 Jahren Düsseldorfer Geschichte

Filmschätze Düsseldorf – Die Rheinische Post hat aus Videomaterial ihrer Leser eine Dokumentation (2009) erstellt. Fünf DVDs zeigen Bilder der 1920er- bis 1980er-Jahre. Zeitzeugen und Historiker ordnen die Filme ein

Fortunas Legenden – Der Dokumentarfilm (2013) zeigt, was Spieler, Trainer, Funktionäre und Fans verbindet. Viele Geschichten und Interviews

stellungen sollen die Verbundenheit der Düsseldorfer mit ihrem berühmten und nicht immer geliebten Mitbürger stärken. Das Institut betreut außerdem ein rheinisches Dichter- und Komponistenarchiv, das aus Nachlässen bzw. Handschriften u. a. von Friedrich von Spee, den Brüdern Jacobi, Karl Immermann, Christian Dietrich Grabbe, Robert Schumann und Felix Mendelssohn Bartholdy besteht. *Di–Fr, So 11–17, Sa 13–17 Uhr | Eintritt 4 Euro | Bilker Str. 12–14 | www.duesseldorf.de/heineinstitut | U-Bahn Benrather Straße | U Bahn Heinrich-Heine-Allee*

9 INSIDER TIPP HETJENS-MUSEUM/ DEUTSCHES KERAMIKMUSEUM

(116 B4) ***(🕮 D9)***

Beileibe kein Töpfereiarchiv, sondern Deutschlands einziges Spezialmuseum und eines von vier Instituten weltweit, das die Keramiken aller Zeiten und Kulturen unter kultur- und kunsthistorischen Aspekten sammelt und erforscht. Die mehr als 10 000 Stücke umfassende Sammlung, von der nur Teile gezeigt werden, befindet sich seit den 1990ern in einem modernen Gebäude, in dem auch das Filmmuseum untergebracht ist. Im *Palais Nesselrode*, einem sehr schönen Barockbau nebenan, der unterirdisch mit dem Neubau verbunden ist, wird Keramik des 18. Jhs. präsentiert, alle anderen Exponate sind im neuen Haus zu sehen. Der zeitliche Bogen erstreckt sich von 6000 v. Chr. bis zur Gegenwart. Schwerpunkte sind fernöstliche, islamische und mediterrane Keramik sowie Fayencen und Porzellan des Barock. Neben der Präsentation der historischen Perioden anhand von imponierenden Zeugnissen nimmt die Keramik der Gegenwart großen Raum ein. Sonderausstellungen geben Einblicke in die Schatzkammern europäischer Schlösser und Fürstenhöfe, zeigen unkonventionelle Arbeiten junger Künstler oder stellen die verborgenen Schätze privater Sammlungen vor. *Di, Do–So 11–17, Mi 11–21 Uhr | Eintritt 4 Euro | Schulstr. 4 | www.duesseldorf.de/hetjens | Straßenbahn 706, 708, 709 Poststraße | U-Bahn Benrather Straße*

LOW BUDG€T

In der letzten Öffnungsstunde von Heinrich-Heine-Institut, Theatermuseum, Stadtmuseum, Goethe-Museum, Schifffahrt-Museum, Filmmuseum und Hetjens-Museum können Sie die Exponate gratis genießen.

Die Galerie *Pretty Portal* **(125 E2)** ***(🕮 E11)*** *(Mo–Fr 11–19 Uhr und nach telefon. Absprache | Eintritt frei | Tel. 0163 6 04 08 46 | Brunnenstr. 12 | www.prettyportal.de | U-Bahn U71, U72, U73, U83, S-Bahn S8, S11, S28 Bilk S)* zeigt moderne Kunst von Malerei bis Fotografie. Hier lassen sich Werke junger Künstler entdecken und günstig kaufen.

10 JAN-WELLEM-REITERSTANDBILD ★

(116 B3) ***(🕮 E9)***

Es ist das älteste Denkmal in Düsseldorf und die einzige gegenständliche Erinnerung an Kurfürst Johann Wilhelm II., denn alle seine Residenzbauten sind vernichtet. Sein Hofbildhauer Gabriel de Grupello schuf das Standbild 1711, es gilt als eine der herausragenden Barockstatuen nördlich der Alpen. *Marktplatz 1 | U-Bahn Heinrich-Heine-Allee*

11 KUNSTHALLE

(116 C3) ***(🕮 E9)***

Die Kunsthalle, ein klobiger Bau aus den 1960er-Jahren, beherbergt auch den Kunstverein für die Rheinlande und

Westfalen. Eine eigene Sammlung gibt es nicht, dafür Wechselausstellungen berühmter Maler der klassischen Moderne. An der Seitenfront stehen vier Monumentalskulpturen griechischer Göttinnen. Der „Habakuk", die Vergrößerung einer Plastik von Max Ernst, bewacht den Eingang. *Di–So 11–18 Uhr | Eintritt 6 Euro | Grabbeplatz 4 | www.kunsthalle-duesseldorf.de | U-Bahn Heinrich-Heine-Allee*

der von einem Kopenhagener Architektenbüro entworfene neue Museumsbau eingeweiht. Durch eine Sheddachkonstruktion (Sägedach) fällt in fast alle Räume natürliches Licht; die dunkle, polierte Granitverkleidung spiegelt eindrucksvoll die gegenüberliegende Kunsthalle und die Sankt-Andreas-Kirche.

Die Bestände werden in zwei Abteilungen präsentiert. Die erste mit der Kunst

Diese um 1680 entstandene Kuppel aus Pakistan ist die größte Fayence im Keramikmuseum

12 KUNSTSAMMLUNG NORDRHEIN-WESTFALEN K20 ★

(116 C3) *(🗺 E8)*

Den Grundstock der Sammlung moderner Kunst bilden 88 Gemälde von Paul Klee, die die Landesregierung Nordrhein-Westfalens 1960 aus amerikanischem Privatbesitz erwarb. Das war auch eine Art Wiedergutmachung dem Maler gegenüber, der an der Düsseldorfer Kunstakademie gelehrt hatte und Deutschland 1933 verlassen musste. 1965/66 konnten durch eine Spende in Höhe von 15 Mio. D-Mark des WDR viele Bilder moderner Künstler erworben werden. 1986 wurde

vor 1945 zeigt die wichtigsten Strömungen der Moderne mit Werken von Pablo Picasso, Max Ernst, Salvador Dalí, Wassily Kandinsky, Henri Matisse und anderen. Die zweite Abteilung umfasst die Kunst nach 1945 und zeigt bedeutende Vertreter amerikanischer Richtungen und des europäischen abstrakten Expressionismus. Dazu gibt es hochkarätige Ausstellungen zu verschiedenen Themen und Künstlern. *Di–Fr 10–18, Sa/So 11–18 Uhr, erster Mi im Monat bis 22 Uhr | Eintritt 12 Euro, im Kombiticket mit dem Ständehaus (K21) 18 Euro;* ● *erster Mi im Monat ab 18 Uhr Eintritt frei | Grabbeplatz 5 | Tel.*

0211 8 38 12 04 | www.kunstsammlung.de | U-Bahn Heinrich-Heine-Allee

13 KUNSTSAMMLUNG NORDRHEIN-WESTFALEN K21 ★

(116 C6) (*🗺 E10*)

Das K21 im einstigen Ständehaus am Kaiserteich zeigt internationale Kunst seit den 1980er-Jahren, u. a. fotografische Arbeiten von Andreas Gursky, Candida Höfer, Thomas Struth, Jeff Wall und eine Videoinstallation von Eija-Liisa Ahtila. Rückgriffe auf die 1960er- und 1970er-Jahre werden mit Arbeiten von Marcel Broodthaers und Nam June Paik gemacht. Ein Besuchermagnet ist die Rauminstallation von Tomás Saraceno. Eine drei Ebenen umfassende Stahlnetzkonstruktion schwebt unter der riesigen Glaskuppel des K21 und kann von den Besuchern betreten werden. So wird Kunst zu einem Erlebnis besonderer Art. *Di–Fr 10–18, Sa/So 11–18 Uhr, erster Mi im Monat bis 22 Uhr | Eintritt 12 Euro, im Kombiticket mit der Kunstsammlung (K20) 18 Euro; ● erster Mi im Monat ab 18 Uhr freier Eintritt | Ständehausstr. 1 | Tel. 0211 8 38 12 04 | www.kunstsammlung.de | U-Bahn Graf-Adolf-Platz*

14 INSIDER TIPP MAHN- UND GEDENKSTÄTTE DÜSSELDORF

(116 C3) (*🗺 E9*)

1987 wurde die dokumentarische Ausstellung über die Verfolgung und Ermordung von Juden, Kommunisten, Sinti und Roma in Düsseldorf während des Nationalsozialismus eingerichtet. Der Ort ist nicht willkürlich gewählt: 1933 und 1934 waren hier die Zellen der Polizei, in denen politische Gefangene saßen. Später diente das Gebäude der Wehrmacht. Wechselausstellungen zu Spezialthemen ergänzen die Dokumentation. Nach Umbauarbeiten wird nun die Dauerausstellung „Düsseldorfer Kinder und Jugendliche im Nationalsozialismus" gezeigt. *Di–Fr, So 11–17 Uhr, Sa 13–17 Uhr | Eintritt frei | Mühlenstr. 29 | Tel. 0211 8 99 62 05 | www.gedenk-dus.de | U-Bahn Heinrich-Heine-Allee*

15 PALAIS WITTGENSTEIN

(116 C5) (*🗺 E9*)

Das schöne Barockgebäude wurde Anfang des 19. Jhs. für einen Weinhändler erbaut. Heute ist es ein Haus der geistigen und kulturellen Genüsse. Es finden Kammerkonzerte und Vorträge statt; außerdem ist das *Institut Français* hier untergebracht. Im Hinterhof befindet sich das *Marionettentheater* (s. S. 83). *Bilker Str. 7–9 | www.palais-wittgenstein.de | U-Bahn Benrather Straße*

16 RADSCHLÄGERBRUNNEN

(116 B3) (*🗺 D9*)

Die Radschläger sind das Symbol Düsseldorfs, auch wenn sie heute, außer beim jährlichen Wettbewerb und als Schokoladen- und Marzipanfiguren, eher sel-

Kunst des 21. Jhs. unter filigraner Glas-Metall-Konstruktion: die Sammlung NRW K21

ten zu sehen sind. Die 1954 von Alfred Zschorsch entworfene Plastik erinnert an die Zeiten, als die Jungen noch eifrig das Rad schlugen und die Zuschauer um „eene Penning" als Belohnung baten – was selbst damals nicht wörtlich gemeint war. *Burgplatz | U-Bahn Heinrich-Heine-Allee*

17 RATHAUS ● (116 B3–4) (*E9*)

In einem Komplex aus mehreren Gebäuden, darunter das *Grupello-Haus* und das alte Rathaus, gehen Politiker sowie Angestellte der Düsseldorfer Stadtverwaltung ihren Aufgaben nach. Die typisch niederrheinische Fassade des historischen Rathauses ist, seit es der Duisburger Maurermeister Heinrich Tußmann 1573 erbaute, nahezu unverändert geblieben. Das Gebäude selbst wurde Ende der 1950er-Jahre mit der ehemaligen kurfürstlichen Kanzlei zu einer Einheit umgebaut. Auf dem Marktplatz, auf dem heute nur mehr in ein paar Buden Obst feilgeboten wird, steht groß und prächtig die von Gabriel de Grupello geschaffene Reiterstatue des Kurfürsten Jan Wellem (s. S. 34). *Dauer- und Wechselausstellungen zur Stadtentwicklung Mo–Fr 9–17 Uhr | Führungen Mi ab 15 Uhr, Treffpunkt im Foyer, Dauer ca. 1,5 Std. | Eintritt frei | Marktplatz 2 | U-Bahn Heinrich-Heine-Allee*

18 INSIDER TIPP SANKT ANDREAS (116 C3) (*E9*)

Die ehemalige Jesuiten- und Hofkirche passt mit ihrem heiter-gelben Anstrich gut ins Ambiente der Altstadt. Sie gehört zu den kunsthistorisch interessantesten Kirchen aus der Übergangszeit von der Renaissance zum Barock und markiert einen wichtigen Stilwandel. Sie ist nach dem Vorbild der Jesuitenkirche in Neuburg a. d. Donau angelegt. Beide hat Pfalzgraf Wolfgang Wilhelm errichten lassen, der seine Residenz von Neuburg nach Düsseldorf verlegte. In Sankt Andreas befindet sich das Mausoleum von Jan Wellem. Der im Krieg zerstörte Altar wur-

Schlauer Schneider: der Wibbel

de durch einen neuen von Ewald Mataré ersetzt – er wirkt in der barocken Umgebung geradezu bizarr. *Andreasstr. 27 | U-Bahn Heinrich-Heine-Allee*

19 SANKT LAMBERTUS ●

(116 B3) (*E8*)

Auch Düsseldorf hat einen schiefen Turm: den Kirchturm von Sankt Lambertus. Es kursieren mehrere Erklärungen für die Verformung der Turmspitze. Der Küster bietet die prosaischste an: Das Holz sei beim Bau noch feucht gewesen und habe sich dann beim Trocknen verzogen, sodass der Turm leicht verdreht aussehe. Auf den Resten einer romanischen Vorgängerin erbaut, folgte die Pfarrkirche 1288, als das Dorf an der Düssel zur Stadt erhoben wurde, dessen Karriere und wurde in ein Kanonikerstift umgewandelt. 1394 erhielt sie ihre heutige Gestalt. Herzog Wilhelm machte die Kirche mit großem Geschick und Einfallsreichtum zu einem religiösen Zentrum: Er kaufte – und stahl – eifrig Reliquien, darunter auch die Gebeine des Stadtpatrons, des heiligen Apollinaris; leider bekam er sie ohne den Kopf. Das Wallfahrtsgeschäft blühte dennoch. Zeitweise gab es bis zu 20 Altäre in der Kirche, an denen den Pilgern die Messe gelesen wurde.
Werfen Sie auch einen Blick auf die lustigen Miserikordien an der Unterseite der Klappsitze im Chorgestühl, z. B. auf den Bauern, der sich eine Scheibe vom Schwein abschneidet. *Führungen durch die Kirche und zum Kirchenschatz nach Vereinbarung möglich | Stiftsplatz in der Altstadt | www.lambertuspfarre.de | U-Bahn Heinrich-Heine-Allee*

20 SCHIFFFAHRT-MUSEUM IM SCHLOSSTURM

(116 B3) (*D9*)

Nicht nur für Hobbyschiffer ist dieses Museum interessant. Rund 120 Modelle bieten einen vollständigen Überblick über die Geschichte der Binnenschifffahrt. Seit 1984 ist diese Sammlung im *Schlossturm*, dem letzten noch erhaltenen Teil des alten Düsseldorfer Schlosses, untergebracht. Einen hervorragenden Panoramablick auf die heutige Schifffahrt bietet das ● *Café Laterne* in der obersten Etage des Turms. Von hier aus kann man bei italienischen Kaffee- und Kuchenspezialitäten das Treiben rund um Rhein und Altstadt beobachten. *Di–So 11–18 Uhr | Eintritt 3 Euro | Sonderführungen mit Themenschwerpunkten nach Vereinbarung | Burgplatz 30 | Tel. 0211 8 99 41 95 | www.freunde-schifffahrtmuseum.de | U-Bahn Heinrich-Heine-Allee*

21 SCHNEIDER WIBBEL

(116 C4) (*E9*)

Das unermüdliche Schneiderlein an der Fassade der Schneider-Wibbel-Stuben ist eine Figur aus dem Theaterstück des Mundartdichters Hans Müller-Schlösser und zum Sinnbild rheinischer Schläue geworden. Wegen einer Beleidigung Kaiser Napoleons musste der Schneider ins Gefängnis, schickte aber an seiner Stelle den Gesellen. Der starb unglücklicherweise und alle Welt glaubte, der Wibbel wäre tot. Viele Verwicklungen ergaben sich nun daraus, dass der in Wahrheit quicklebendige Wibbel als verstorben galt. Sie nachzuerzählen, würde hier zu weit führen, jedenfalls nahm alles einen guten Ausgang. 1913 wurde das Stück uraufgeführt, bis heute wird es gespielt. Fünfmal am Tag, um 11, 13, 15, 18 und 21 Uhr, kommt eine Wibbel-Figur in einem Glockenspiel aus der Fassade und näht und näht. Einige Meter weiter sitzt ein Bronze-Wibbel, der angeblich Glück bringt, wenn man ihm übers Knie streicht. *Schneider-Wibbel-Gasse 5 | U-Bahn Heinrich-Heine-Allee*

22 INSIDER TIPP SENFMUSEUM

(116 B4) (*E9*)

Alles Wissenswerte über den beliebten Mostert erfährt man im Senfmuseum und -laden der Düsseldorfer Löwensenf GmbH. Das Personal ist hilfsbereit und beantwortet alle Fragen rund um die Heil- und Gewürzpaste. Außerdem gibt es eine kleine Schaumanufaktur und Sie können alle Geschmacksvarianten von süß über würzig bis scharf verkosten. *Mo–Sa 10–19 Uhr | Eintritt frei | Führungen nach Absprache unter Tel. 0211 4 15 91 45 | Berger Str. 29 | www.loewensenf-senfladen.de | U-Bahn Heinrich-Heine-Allee*

23 STADTERHEBUNGSMONUMENT

(116 B3) (*E9*)

1988 stiftete der Heimatverein „Düsseldorfer Jonges" anlässlich des 700-jährigen Stadtjubiläums das große Stadterhebungsmonument, das der Bildhauer Bert Gerresheim schuf. Düsseldorf verdankt seine Erhebung zur Stadt der Teilnahme an der Schlacht bei Worringen, einer der schrecklichen Metzeleien des Mittelalters. Symbole dieser Schlacht, Helme, Brustpanzer und der Reitende Tod, scheinen die Plastik zunächst zu beherrschen. Doch nach und nach entdeckt der Betrachter viele weitere Einzelheiten und Zitate, die die Geschichte Düsseldorfs in vielen Facetten und kleinen Anekdoten widerspiegeln. Sie zu erkennen, ist nicht ganz einfach, für einen Auswärtigen schon gar nicht. Da präsentiert sich stolz der Bergische Löwe neben den Marktkarren, die ein Hinweis auf das 1288 erworbene Marktrecht sind; die Lippische Rose ist das Wappenzeichen eines der Adelshäuser, die an der Schlacht beteiligt waren, aber auch Symbol für ein friedliches Aufblühen von Stadt und Land. Vier Päpste sehen aus einem Fensterausschnitt und verweisen auf die Bedeutung der Religion für die Stadt, u. a. als Wallfahrtsort. So gibt es noch zahlreiche weitere Bilder. Man muss das Monument „lesen": von links nach rechts wie die Seite eines Geschichtsbuchs, aber auch wie historische Schichten von unten nach oben. Eine Bronzetafel gibt, stark gekürzt, den Text der Stadterhebungsurkunde wieder. Im nicht weit entfernten Rathaus gibt es eine Broschüre mit Erklärungen und einer Dokumentation der Entstehung des Monuments. *Burgplatz | U-Bahn Heinrich-Heine-Allee*

24 STADTMUSEUM (116 B5) (*D9*)

Das Stadtmuseum bietet in einem reizvollen Gebäude einen Rundgang durch die Düsseldorfer Geschichte von der Steinzeit bis zur Gegenwart. Durch die Ausgrabungen am Rheinort sind in jüngerer Zeit neue Funde hinzugekommen, u. a. eine Kuriosität: die Reste eines offenbar abrupt unterbrochenen Festmahls. Düsseldorfs Zeit als Residenzstadt ist gut und mit zum Teil prächtigen Stücken dokumentiert. Der Schwerpunkt liegt aber auf dem Aufstieg zur Industrie- und Verwaltungsstadt von internationalem Format. Das Museum versteht sich dabei nicht als lediglich archivierende Institution oder gar als Heimatmuseum, sondern ist ein Ort, der auch durchaus provokante Fragen aufwirft. ● Häufig erklären die Kuratoren den Besuchern persönlich die historischen Stücke – und das kostenfrei. Infos zu wechselnden Ausstellungen, Vorträgen und Workshops finden Sie unter *www.duesseldorf.de/stadtmuseum. Di–So 11–18 Uhr | themenbezogene Einzel- und Gruppenführungen nach Absprache | Eintritt 4 Euro | Berger Allee 2 | Tel. 0211 8 99 64 95 | Straßenbahn 706, 708, 709 Poststraße*

25 WILHELM-MARX-HAUS (116 C4) (*E9*)

Deutschlands erstes Bürohochhaus. Verglichen mit amerikanischen Wolkenkratzern aus jener Zeit wirkt das im Stil der Neuen Sachlichkeit gehaltene Gebäude eher bescheiden, aber im Jahr seiner Errichtung, 1924, befand sich Deutschland in der Wirtschaftskrise und das Unterneh-

ENTSPANNEN & GENIESSEN

So richtig abschalten können Sie in der ● *Münster-Therme* **(121 F3) (*F7*)** *(Mo Senioren 11–14, Di, Do 6.30–21, Mi, Fr 6.30–22, Sa/So 9–17 Uhr | Eintritt ab 4,10 Euro (Therme) | Münsterstr. 13 | Tel. 0211 8 21 26 32 | Straßenbahn 701, 705, 707 Dreieck | Bus SB55, 721, 752, 754 Münsterstraße/Feuerwache | S-Bahn S1, S6, S11 Derendorf S)*. Hier gibt es ein großes Schwimm- und Wellnessangebot sowie die vom Schwimmbetrieb getrennte *Salzgrotte (Termine nach Absprache | Eintritt ab 12 Euro | Tel. 0211 68 87 52 60)*. Im Außenbereich erwartet Sie ein 32 Grad warmes Thermalsolebecken. Das Verwöhnprogramm wird durch Saunagänge und Massagen abgerundet. Die Therme ist im Jugendstil errichtet worden; Highlight ist das an eine Basilika erinnernde Gewölbe.
Das ● *Momentum Spa* **(119 E5) (*D5*)** *(Mi–Fr 11–20.30, Sa/So 11–19 Uhr, Di nach Vereinbarung | Preise je nach Anwendung | Am Bonneshof 30a | Tel. 0211 5 18 08 70 | www.momentum-spa.de | U-Bahn U78, U79, Bus 729, 756, 758 Theodor-Heuss-Brücke)* kann selbst international mithalten. Die Gestaltung in warmen Farben, die hochwertige Ausstattung und ein breites Wohlfühlangebot brachten der Wellnessoase bereits Auszeichnungen ein.

Beliebter Treffpunkt mit 80er-Jahre-Charme: der Bertha-von-Suttner-Platz

men erschien unter diesen Bedingungen geradezu unerhört. Benannt ist das Haus nach dem Düsseldorfer Oberbürgermeister Wilhelm Marx, der zu Kaisers Zeiten viel für die wirtschaftliche Entwicklung der Stadt getan hat. *Heinrich-Heine-Allee 53 | U-Bahn Heinrich-Heine-Allee*

STADTMITTE

Nicht nur die Kunst zieht Besucher an, auch Einkaufsboulevards wie die Königsallee haben dazu beigetragen, dass Düsseldorf international einen guten Ruf genießt. Ein Bummel durch die Stadt verführt zum Shoppen, lädt aber auch dazu ein, den Reichen und den Schicken beim Kaufen zuzuschauen.

1 BERTHA-VON-SUTTNER-PLATZ

(122 A6) (*🕮 G10*)

Anfang der 1980er wurde der Platz hinter dem Bahnhof neu gestaltet und nach der Schriftstellerin Bertha von Suttner, die 1905 den Friedensnobelpreis erhielt, benannt. Mehrere hohe Bürobauten, u. a. die Volkshochschule, bilden ein postmodernes Ensemble, das mit den großen Edelstahlplastiken von Klaus Antes und ein paar Wasserbecken nicht direkt einladend wirkt. Trotzdem ist der Platz belebt und die Cafébetreiber, die im Sommer Tische nach draußen stellen, versuchen nach Kräften, ein südliches Ambiente zu schaffen. *Hauptbahnhof/Ostausgang*

2 DREI-SCHEIBEN-HAUS

(117 D3) (*🕮 E–F8*)

Das Gebäude ist nach seinen drei parallel stehenden, großflächig verglasten Baukörpern benannt, drei Scheiben eben. 1956 bis 1960 von den Architekten Hentrich, Petschnigg und Partner erbaut, gilt es als Wahrzeichen des modernen Düsseldorf. *Dreischeibenhaus 1 | Straßenbahn 701, 705, 706, U-Bahn Schadowstraße*

3 DUMONT-LINDEMANN-ARCHIV/ THEATERMUSEUM

(117 D2) (*🕮 E8*)

Im ehemaligen Hofgärtnerhaus wird die traditionsreiche, 400-jährige Theatergeschichte Düsseldorfs dokumentiert. Das erste in Deutschland nachgewiesene opernhafte Singspiel, „Orpheus und Amphion“, wurde 1585 in Düsseldorf aufgeführt. Eine Blüte erlebte das Musiktheater dann unter Kurfürst Jan Wellem, und im 19. Jh. gab Karl Immermann dem deutschen Theater mit seiner „Musterbühne" neue Impulse. 1905 eröffneten Louise Dumont, eine gefeierte Ibsen-Darstellerin, und Gustav Lindemann das Düsseldorfer Schauspielhaus; ihr berühmtester Schüler wurde Gustaf Gründgens, der der Stadt als späterer Intendant des Theaters von 1947 bis 1955 einige ruhmreiche Spielzeiten bescherte. Das Dumont-Lindemann-Archiv bildet den Grundstock des Theatermuseums. *Di–So 13–19 Uhr | Eintritt 4 Euro | Hofgärtnerhaus | Jägerhofstr. 1 | www.duesseldorf.de/theatermuseum | Straßenbahn 701, 705, 706, U-Bahn Schadowstraße*

4 INSIDER TIPP EHRENHOF
(116 C1) (*E7–8*)

1926 wurden die großen Ausstellungsgebäude am Rheinufer errichtet. Die klar gegliederten kubischen Bauten aus dunklem Backstein, die sich um den eigentlichen Ehrenhof gruppieren, sind überzeugende Beispiele expressionistischer Baukunst und moderner Stadtplanung. Heute werden sie zum Teil als Museen genutzt. Wilhelm Kreis entwarf das Ensemble aus dem 2001 eröffneten *Museum Kunstpalast* (s. S. 47), dem *NRW Forum Kultur und Wirtschaft* und der direkt am Rhein gelegenen *Rheinterrasse*, einem Restaurant und Tagungszentrum. Das Schmuckstück der Anlage ist die *Tonhalle* (s. S. 82) am südlichen Ende. Sie diente einmal als Planetarium. Daran erinnert heute jedoch nur noch der goldene Stern auf der Kuppelspitze. In den 1970er-Jahren wurde das Gebäude aufwendig restauriert und zur Konzerthalle umgebaut, 2006 dann grundlegend renoviert. Hier finden Konzerte der Düsseldorfer Symphoniker sowie viele Gastauftritte internationaler Musiker statt. Im Foyer mit seiner Rotunde werden gele-

Einst erstrahlten die Sterne an ihrer Kuppel, heute wird sie von Musik erfüllt: die Tonhalle

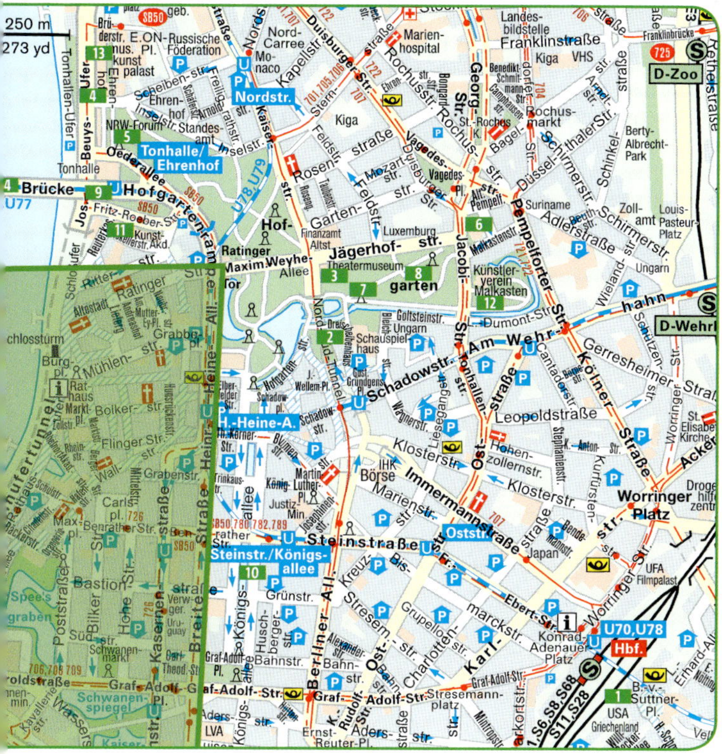

SEHENSWERTES IN DER STADTMITTE

Fußgängerzone

1 Bertha-von-Suttner-Platz
2 Drei-Scheiben-Haus
3 Dumont-Lindemann-Archiv/ Theatermuseum
4 Ehrenhof
5 Gefallene der 39er
6 Goethe-Museum
7 „Gröne Jong“
8 Hofgarten
9 Johannes-von-Nepomuk-Statue
10 Königsallee
11 Kunstakademie
12 Malkastenpark
13 Museum Kunstpalast
14 Oberkasseler Brücke

gentlich Lesungen veranstaltet und im *Grünen Gewölbe*, dem einzigen original erhaltenen Innenraum, stellt das benachbarte Museum Kunstpalast als Dauerleihgabe seine Glassammlung aus. Vor der Tonhalle stand früher die goldene „Pallas Athene“ von Johannes Knubel, heute schaut sie von der Oberkasseler Brücke hinüber zur Kunstakademie. *U-Bahn U70, U74–77 Tonhalle/Ehrenhof*

5 GEFALLENE DER 39ER

(116 C2) (*🕮 E8*)

Die Reste des Denkmals von Jupp Rübsam für die Gefallenen des 39. Füsilierregiments stehen nahe der Tonhalle. 1928 war es zuerst dort aufgestellt worden, nachdem die Jury und die Künstlervereinigung ausdrücklich den humanistischen Charakter der Skulptur gewürdigt hatten. Militärischen Kreisen war es jedoch nicht „heldisch" genug; antisemitische Schmierereien verunstalteten es häufig und 1930 wurde ein Sprengstoffanschlag darauf verübt. Im März 1933 brachen es die Nazis ab und enthüllten stattdessen 1939 ein pathetisches Denkmal am Reeser Platz, das noch heute steht und immer wieder für Ärger gesorgt hat. Der Torso der Skulptur von Jupp Rübsam wurde 1978 als „Mahnung gegen Terror und Intoleranz" in der Nähe des ursprünglichen Standorts wieder aufgestellt. *U-Bahn U70, U74–77 Tonhalle/Ehrenhof*

6 GOETHE-MUSEUM (117 E2) (*🕮 F8*)
Ursprünglich war das *Schloss Jägerhof* die Amtswohnung der bergischen Oberjägermeister. Nachdem es im Zweiten Weltkrieg stark beschädigt wurde, beherbergt es heute die größte private Goethe-Sammlung. Sie wurde von Anton und Katharina Kippenberg gestiftet. Kippenberg war von 1905 an Leiter des Insel-Verlags in Weimar. Originaldokumente illustrieren Goethes Leben sowie seine Beziehung zu Schiller und den Jacobi-Brüdern. Zudem besitzt das Museum zahlreiche Erstausgaben, Manuskripte und Handschriften. Landschaftsgemälde und Stadtansichten zeigen Lebensstationen des Dichterfürsten. Wechselnde Themenschwerpunkte ergänzen die Dauerausstellung. *Di–Fr, So 11–17, Sa 13–17 Uhr | Eintritt 4 Euro | Jacobistr. 2 | www.goethe-museum.com | Straßenbahn 707 Jacobistraße oder Schloss Jägerhof*

7 GRÖNE JONG (117 D2) (*🕮 E8*)
Im Hofgartenweiher sitzt ein Triton und sprüht eine dicke, hohe Wasserfontäne in die Luft. Wegen seiner grünen Patina heißt er nur der „Gröne Jong" – wobei die Farbe immer dann ziemlich verblasst, wenn der Wasserhahn aus Sparsamkeit wieder einmal zugedreht wird. *Hofgarten | Straßenbahn 701, 705, 706, U-Bahn Schadowstraße*

8 HOFGARTEN ★
(116–113 C–F 1–3) (*🕮 E–F8*)
Der schönste innerstädtische Park – die Sommerkonzerte sind da nur ein zusätzlicher Anreiz. Im 16. Jh. lag der fürstliche Hofgarten als erster Lustgarten Düsseldorfs etwas außerhalb in Pempelfort. Als nach einigen Missernten große Not und Armut herrschten, ordnete Kurfürst Karl Theodor 1769 eine Arbeitsbeschaffungsmaßnahme an, nämlich den mittlerweile verfallenen Park wiederherzurichten. Hinsichtlich seiner Anlage und Nutzung war der Hofgarten Vorbild für den ersten deutschen Volksgarten – den Englischen Garten in München, der 20 Jahre später

RICHTIG FIT!

In Düsseldorf wird Golf zum Massenvergnügen. Im *Gewerbegebiet am Rheinufer* **(120 A5)** (***🕮 A–B9***) erstreckt sich die erste öffentliche Neun-Loch-Anlage Deutschlands: Beim *GSV Düsseldorf (tgl. 9 Uhr bis Sonnenuntergang | Mo–Fr 20 Euro, Sa/So 30 Euro für 9 Löcher, Ausrüstung kann geliehen werden | Auf der Lausward 51 | Tel. 0211 4105 29 | www.gsvgolf.de | Bus 732 Lausward)* kann jeder, der die Platzreife besitzt, trainieren. Auch Lauffreunde kommen in der Stadt auf ihre Kosten: Die Joggingstrecken im *Rheinpark* (s. S. 50) sind besonders beliebt und bieten herrliche Sicht auf Altstadt, Fluss und Oberkasseler Ufer.

Düsseldorfs grüne Lunge mitten in der Innenstadt: der Hofgarten

entstand. Nach der Zerstörung des Hofgartens durch die französischen Besatzungstruppen gestaltete ihn Maximilian Weyhe gemäß des Napoleon'schen „Verschönerungsdekrets" auf den geschleiften Festungsanlagen als englischen Landschaftsgarten neu. Nur der Teil um die Reitallee, die zum Schloss Jägerhof führt, ist streng geometrisch angelegt.

Denkmäler für Heinrich Heine und Robert Schumann, für Christian Dietrich Grabbe, Gustaf Gründgens und Peter von Cornelius sind ebenso in der weitläufigen Parkanlage zu finden wie eine moderne Plastik von Henry Moore und ein Bronzeabguss des Märchenbrunnens; das Marmororiginal musste vor ständigen Beschädigungen gerettet werden und steht deshalb im Kaufhof an der Königsallee. Der große Teich mit vielen Wasservögeln ist ein beliebter Treffpunkt für Jung und Alt. Die von Stefan Sous gestalteten Parkbänke in der Reitallee bestehen aus Neonröhren und bilden nachts eine Lichtkuppel unter den Bäumen. *Straßenbahn 701, 703, 712, 713, 715 Jan-Wellem-Platz*

9 JOHANNES-VON-NEPOMUK-STATUE (116 B2) (*🕮 E8*)

An der Ostseite der Oberkasseler Brücke steht der Brückenheilige Nepomuk. Die Skulptur von Bert Gerresheim ist, wie alle seine Werke, mehrschichtig: Verschiedene historische Ereignisse bzw. Personen verschmelzen darin miteinander. Bei dieser Figur geht es um den „schweigenden Widerstand". Im 14. Jh. wurde Johannes von Nepomuk ein Märtyrer des schweigenden Widerstands, als er sich auch unter Folter keine Zustimmung zum politischen Machtmissbrauch abringen ließ. Der Heilige, der als Böhmens Schutzpatron gilt, trägt hier die Gesichtszüge des Danziger Priesters Jerzy Popieluszko, der 1984 unter ähnlichen Umständen wie Nepomuk verhört, gefoltert und dann ertränkt wurde. *Oberkasseler Brücke | U-Bahn U70, U74–77 Tonhalle/Ehrenhof*

10 KÖNIGSALLEE ★ ●
(117 D3–6) (*🕮 E9–10*)

Die Einkaufsmeile war gar nicht immer nach dem König benannt, sondern hieß

Gehen Sie königlich Geld ausgeben! Wenn nicht auf der Shoppingmeile Kö, wo dann?

früher Kastanienallee – nach dem Baumbestand, den noch Maximilian Weyhe 1804 angelegt hatte. Damals bildete die Allee die Stadtgrenze auf den niedergerissenen Befestigungsanlagen und galt keineswegs als gute Wohngegend, sondern als Randlage und war für Geschäfte nicht sehr lukrativ. Das hat sich jedoch im Lauf der Zeit vollkommen geändert. Im 19. Jh. entwickelte sie sich zu einer vornehmen Wohngegend und 1902 öffnete das erste Ladenlokal dort seine Türen. Die Umbenennung der Kastanienallee war als Wiedergutmachung gedacht: Die Düsseldorfer Bürger hatten sich nämlich beim Besuch König Friedrich Wilhelms IV. eine – im Revolutionsjahr 1848 sicher verständliche – Entgleisung geleistet: Statt ihm zuzujubeln, bewarfen sie den hohen Herrn mit Pferdeäpfeln. Die Stadtväter waren aufs Peinlichste berührt und entschuldigten sich schriftlich. Zum Zeichen der nach wie vor bestehenden Treue zum König wurde die Kastanienallee dann in Königsallee umgetauft.
Die letzte Umwälzung hat die Königsallee erlebt, als im Zuge des U-Bahn-Baus eine Renovierung anstand. Der Bürgersteig wurde verbreitert und mit Granitplatten ausgelegt, Poller, Kioske und Straßenlaternen wurden auf altmodisch getrimmt. Sogar die Post spielte mit und stellte besonders hübsche, historisch gestaltete Telefonhäuschen auf – die normalerweise übliche Ausführung hätte einfach nicht zu den teuren Schaufensterfronten gepasst. *U-Bahn Heinrich-Heine-Allee oder Steinstraße/Königsallee*

11 KUNSTAKADEMIE (116 C2) (*E8*)
Nach der letzten Restaurierung erstrahlt der Sandstein der Akademie wieder. Als das Stadtschloss, in dem die Kunstakademie untergebracht war, 1872 abbrannte,

wurde ein Neubau nötig. Damals war italienische Renaissance in Mode und so entstand auch die neue Akademie in diesem Stil. Einmal im Jahr, meist Ende Februar, veranstaltet die Akademie den Großen Rundgang; dann zeigen Studenten ihre neuen Arbeiten der Öffentlichkeit. *Eiskellerstr. 1 | www.kunstakademie-duesseldorf.de | U-Bahn U70, U74–77 Tonhalle/Ehrenhof*

12 INSIDER TIPP MALKASTENPARK

(117 E–F 2–3) (*F8*)

Versteckt liegt der Garten hinter dem *Malkasten*, dem Haus des Künstlervereins. Der historische Park ist ein gartenarchitektonisches Juwel und steht unter Denkmalschutz. An der Nordseite befindet sich das nach Kriegszerstörung wieder aufgebaute Haus der Brüder Jacobi, Söhne einer wichtigen Düsseldorfer Fabrikantenfamilie. Bekannt wurde Friedrich Heinrich Jacobi aber nicht wegen seiner Geschäfte, sondern wegen seiner profunden wissenschaftlichen Werke, die ihn in regen Austausch mit Größen der Philosophie und Dichtung brachten. In seinem Haus empfing er Gäste wie Goethe, Wieland und Diderot, mit denen er durch seinen zauberhaften Garten wandelte. Dieser war als Landschaftsgarten nach holländischen und englischen Vorbildern angelegt und genoss schon damals den Ruf eines kleinen Paradieses.

Aber die Schönheit des Malkastenparks kann man auch ohne das Wissen um diese Vergangenheit genießen. Die abwechslungsreiche Linienführung, kleine Hügel und die „Flusslandschaft" der Düssel lassen den Park viel größer erscheinen, als er tatsächlich ist, und schaffen zusammen mit botanischen Raritäten und Skulpturen wie z. B. einer nackten Sonnenanbeterin auf dem Venusteich eine ganz eigene, reizvolle Atmosphäre. Im Sommer hat ein kleiner Biergarten (s. S. 59) geöffnet. *Im Sommer 10–20, im Winter 10–18 Uhr | Eintritt 2 Euro | Jacobistr. 6a | Straßenbahn 707 Jacobistraße*

13 MUSEUM KUNSTPALAST

(116 C1) (*E7–8*)

Das alte Kunstmuseum im Ehrenhof, Ausstellungsort für Bilder von berühmten Vertretern der Düsseldorfer Malerschule wie Alfred Rethel, Carl Friedrich Lessing und Johann Wilhelm Schirmer, bekam 2001 ein neues Gesicht: Im Rahmen einer Partnerschaft zwischen der Stadt und einem Energiekonzern entstand das Museum Kunstpalast. Für rund 32 Mio. Euro hat die Stiftung auch den alten Kunstpalast mit über 4000 m² Ausstellungsfläche wiederbelebt; es werden wechselnde Ausstellungen auf höchstem Niveau gezeigt. Sie sind häufig übergreifend konzipiert, z. B. werden Werke religiös inspirierter Kunst aus Afrika präsentiert oder die alten flämischen Meister in Kontrast zu einer Reihe junger niederländischer und belgischer Künstler gestellt. Das Gebäudeensemble vervollständigen der Robert-Schumann-Saal als Ort für Musik, Theater und Performance sowie das *Glasmuseum* mit Glasobjekten von der Antike bis zur Gegenwart (Teile der Schau im Gewölbe der Tonhalle). *Di–So 11–18, Do 11–21 Uhr | Eintritt je nach Ausstellung | Ehrenhof 4–5 | www.museum-kunst-palast.de | U-Bahn U70, U74–77 Tonhalle/Ehrenhof*

14 OBERKASSELER BRÜCKE

(116 A–B2) (*D8*)

Mit der Brücke gelang eine technische Kühnheit, die Düsseldorf in aller Welt Ruhm einbrachte. Nach dem Zweiten Weltkrieg gab es an dieser Stelle nur eine Behelfsbrücke, die bald das steigende Verkehrsaufkommen nicht mehr bewältigen konnte. Ein Abriss, um Platz für den Neubau zu schaffen, war unmöglich, da der Verkehr zwischen den beiden Rheinufern zu stark beeinträchtigt worden wäre. So entschied man sich für eine spektakuläre Lösung: Die neue Brücke wurde parallel zur alten gebaut und zwei Jahre benutzt, ehe sie nach dem Abriss der alten genau an deren Stelle geschoben wurde. Im April 1976 verfolgten außer den Düsseldorfern auch Ingenieure und Brückenfachleute aus aller Herren Länder, wie die 12 000 t schwere Brücke über ein Plastikbett 50 m stromabwärts an ihren endgültigen Standort glitt. *U-Bahn U70, U74–77 Tonhalle/Ehrenhof*

NÖRDLICH DER STADTMITTE

Nehmen Sie sich ruhig auch für den facettenreichen Norden ein bisschen Zeit, wenn Sie die Stadt besuchen. Die Nähe zum Rhein, die vielen Parks und Grünanlagen inklusive der Friedhöfe bieten interessante Einblicke.

1 AQUAZOO LÖBBECKE MUSEUM ★

● (118 C5) (*⊞ C4*)

Der Zoo mit Glaspyramidendach im Nordpark zählt zu den beliebtesten Museen der Stadt. Nach umfangreichen Umbauarbeiten öffnet er voraussichtlich im Frühjahr 2017 wieder seine Pforten und bietet dann viel zu entdecken: Schau- und Panoramaaquarien mit Pinguinen, Süß-, Salzwasser- und Tiefseefischen, Terrarien mit Insekten, Schlangen und Krokodilen sowie Wechselausstellungen zu speziellen Themen. *Kaiserswerther Str. 380 | www.duesseldorf.de/aquazoo | U-Bahn U78, U79 Nordpark/Aquazoo*

2 INSIDER TIPP EISSTADION

(122 B3) (*⊞ G6*)

Düsseldorf ist auch eine Sportstadt. Vor allem Eishockey erfreut sich größter Beliebtheit. Das alte Eisstadion war jahrzehntelang die Spielstätte der DEG, bis die Düsseldorfer Eishockeymannschaft

Gänsehaut im Aquazoo verschaffen die mächtigen Zähne des großen Pottwal-Skeletts

SEHENSWERTES NÖRDLICH DER STADTMITTE

1 Aquazoo Löbbecke Museum
2 Eisstadion
3 Golzheimer Friedhof
4 Nordfriedhof
5 Nordpark
6 Rheinpark
7 Synagoge

2006 in den eigens für den Spielbetrieb errichteten *ISS Dome* (s. S. 55) umsiedelte. Die alte Eishalle ist für die öffentliche Nutzung freigegeben. Jung und Alt können hier jetzt Runden drehen und in der eisfreien Zeit im Sommer Inline-Hockey spielen. *Mo–Fr 16–18, Mo/Fr auch 20–22 (ab 14 J.), Sa/So 11–13, 14–16 und 17–19 Uhr | Eintritt 2,80 Euro, Schlittschuhverleih 3 Euro | Brehmstr. 27 | Tel. 0211 8 99 53 20 | Straßenbahn 708, U-Bahn U71 Grunerstraße*

3 INSIDER TIPP GOLZHEIMER FRIEDHOF (121 E3) (*E7*)

Hier ruhen viele Düsseldorfer Größen aus dem Kulturleben des 19. Jhs. in teils aufwendig gestalteten Grabstellen, etwa der Maler Alfred Rethel, der Theaterintendant Karl Immermann, der Architekt

Wilhelm von Schadow und der Schöpfer der Anlage, Gartenarchitekt Maximilian Weyhe. Das Gelände diente nur von 1805 bis 1897 als Friedhof. Morbide ist die Stimmung daher nicht mehr: In dem kleinen Park mit schönen alten Bäumen ist es vor allem im Frühjahr sehr romantisch und im Sommer angenehm kühl. Die viel befahrene Klever Straße durchschneidet den Friedhof, aber er ist ein zauberhafter Ort geblieben. *Fischerstr. | U-Bahn U78, U79 Victoriaplatz/Klever Straße*

4 NORDFRIEDHOF
(119 E–F 4–5) (*D–E 4–5*)

Der Nordfriedhof wurde 1883 als Ersatz für den zu klein gewordenen Golzheimer Friedhof angelegt. Auch in dieser parkartigen Anlage finden sich Gräber vieler Berühmtheiten der Stadt, u. a. die der Brüder Achenbach, der Theaterintendantin Louise Dumont und der Kunsthändlerin Johanna Ey. Auch Düsseldorfer Industriellenfamilien wie Bagel, Henkel, Haniel, Poensgen und Schwann haben hier ihre Grabstätten. Sie liegen vor allem auf dem Hügel rund um das Hochkreuz, vom Volksmund deshalb frech „Millionenhügel" genannt. Die reichen Familien engagierten für die Gestaltung der Grabmäler oft bedeutende Künstler: Die Gräber der Familien Pfeiffer und Schieß etwa gestaltete Fritz Coubillier, der auch die Tritonengruppe an der Kö schuf. Vom Bildhauer Karl Janssen stammt die Göttin des Schlafs auf dem Grab der Familie Henkel. Und die Figur auf dem Grab von Louise Dumont schuf Ernst Barlach. An die Opfer des Zweiten Weltkriegs erinnert ein Mahnmal von Jupp Rübsam. *Am Nordfriedhof 1 | Bus 721, 722, 729 Nordfriedhof*

5 NORDPARK ★ ●
(118 115 C–D 4–5) (*B–C 4–5*)

Der Nordpark wurde 1937 anlässlich der nationalsozialistischen Ausstellung „Schaffendes Volk" eröffnet; nebenan befand sich die Mustersiedlung „Albert Leo Schlageter". Noch heute sind im Park einige heroische Skulpturen aus jener Zeit zu sehen. Am Tor stehen zwei Rossebändiger von Edwin Scharf, die eigentlich gut in den Stil der Zeit zu passen scheinen, damals jedoch bei den Nationalsozialisten wenig Gefallen fanden. Trotz seiner Entstehungsgeschichte ist der Nordpark eine ausgesprochen schöne und bei Spaziergängern auch sehr beliebte Anlage. Wasserspiele und riesige Blumenfelder haben schon viele Besucher entzückt. 1975 kam der *Japanische Garten* dazu, ein Geschenk der japanischen Gemeinde in Düsseldorf. Seit 1987 befindet sich im Park außerdem das *Aquazoo Löbbecke Museum* (s. S. 48). *Kaiserswerther Str. | U-Bahn U78, U79 Nordpark/Aquazoo*

6 RHEINPARK (121 D2–3) (*D6–7*)

Von der Altstadt bis zur Nordbrücke zieht sich ein breiter Grünstreifen am Rheinufer entlang, der 1902 und 1926 für zwei große Ausstellungen angelegt wurde. Hier ist fast immer etwas los. Besonders im Sommer zieht der Park Flaneure, Radfahrer, Jogger, Fußballspieler und Faulenzer an, die auf der Decke oder im mitgebrachten Liegestuhl einen entspannten Nachmittag verbringen. Biergärten und schwimmende Cafés schaffen bei trockener Kehle Abhilfe. *Cecilienallee | U-Bahn U78, U79 Victoriaplatz/Klever Straße*

7 INSIDER TIPP SYNAGOGE
(121 E2) (*E6*)

Die Synagoge in Derendorf stammt aus dem Jahr 1958 und ist ein heller, eher sachlicher Bau mit wunderschönen bunten Fenstermosaiken. Von der großen Synagoge an der Kasernenstraße – 1904 von dem bekannten rheinischen Architekten Josef Kleesattel geschaffen – steht heute nichts mehr. Am 10. November 1938 wurde sie geplündert und angezündet. Der Hass auf die jüdische Bevölkerung schlug sich hier besonders heftig nieder, da in Düsseldorf die Eltern Ernst vom Raths lebten. Der Botschaftssekretär war in Paris von Herschel Grünspan erschossen worden; dieses Attentat wurde zum Anlass für den staatlich initiierten Volkszorn genommen. Eine Gedenktafel vor dem „Handelsblatt"-Haus, das heute an der Stelle steht, erinnert an die alte Synagoge. Das jüdische Gotteshaus in Derendorf kann auf Wunsch besichtigt werden. Das Rabbinat bietet Führungen an; Anmeldung unter *Tel. 0211 46 91 16. Zietenstr. 50 | www.jgd.de | U-Bahn U78, U79 Victoriaplatz/Klever Straße | Bus 722, 756, 758 Bankstraße*

HAFEN

Moderne, zum Teil sogar futuristische Architektur charakterisiert den Hafen. Viel Geld wurde investiert, um hier spektakuläre Bauten mit neuen Büroflächen zu errichten.

Es hat sich gelohnt: Der Hafen ist aufgeblüht und erstrahlt in neuem Glanz. Viele Medienunternehmen haben sich hier angesiedelt. Wohnungen gibt es zwar dementsprechend wenige, dafür finden Sie in diesem Teil der Stadt umso mehr Discos und mediterran gestylte Cafés.

Mal auf der faulen Haut liegen – geht wunderbar auf einer sonnigen Wiese im Rheinpark

1 INSIDER TIPP **KUNST IM TUNNEL (KIT)** (116 B5) (*D9*)

Kunst im Tunnel, kurz „KIT" genannt, ist ein unterirdischer Ausstellungsraum im Rheinufertunnel. Bereits bei dessen Fertigstellung 1995 wurde ein Tunnel-Restraum kurzzeitig für Veranstaltungen genutzt. Dann stand er lange Zeit leer. Seit 2007 präsentieren die Stadt und die Kunsthalle Düsseldorf hier nun junge Kunst rund um spannende Themen. Überirdisch befindet sich nur der Eingangsbereich: ein verglaster Pavillon mit Café-Bar und großer Terrasse. Eine Treppe führt hinab in den 140 m langen und bis zu 4,90 m hohen unterirdischen Galerieraum. Vier bis sechs Ausstellungen im Jahr finden hier statt, Führungen starten jeden Sonntag um 15 Uhr. *Di–So 11–18 Uhr | Eintritt 4 Euro | Mannesmannufer 1b | www.kunst-im-tunnel.de | Straßenbahn 706, 708, 709, Bus 726, 835, 836 Landtag/Kniebrücke*

2 LANDTAG (116 A6) (*🕮 D10*)

1988 wurde der extravagante Bau, der den nordrhein-westfälischen Landtag beherbergt, eröffnet. Der gelbe Elbsandstein und das rotbraune Kupfer sowie die außergewöhnliche Architektur verleihen der Anlage Freundlichkeit und Wärme – Eigenschaften, die ansonsten nicht gerade typisch für öffentliche Gebäude sind. Es gibt keine Winkel oder scharfen Ecken; die aufgebrochenen, runden Formen sollen Demokratie, Bürgernähe und Offenheit symbolisieren. Es wird eine einstündige „Einführung in die parlamentarische Arbeit" angeboten, die die Besichtigung des Plenarsaals oder die Teilnahme an einer Sitzung einschließt (vorherige Anmeldung erforderlich). Im Sommer können Interessierte den Landtag auch spontan besichtigen: Sonntags zwischen 11 und 16 Uhr steht er Besuchern offen, um 12, 14 und 15 Uhr finden außerdem geführte Rundgänge statt. *Platz des Landtags 1 | Tel. 0211 88 40 | www.landtag.nrw.de | Straßenbahn 706, 708, 709, Bus 726, 835, 836 Landtag/Kniebrücke*

3 NEUER ZOLLHOF ★ (120 C6) (*🕮 C10*)

Kippende Wände, windschiefe Türme, im Mauerwerk verkantete Fenster: Der vom kalifornischen Architekten Frank O. Gehry entworfene *Neue Zollhof* ist der Eyecatcher des Medienhafens. Die drei nebeneinandergesetzten Bauwerke in Weiß, Silber und Rot stehen im Kontrast zu den umliegenden Gebäuden aus Stahl, Beton und Glas. Pop oder Avantgarde, Dadaismus oder Spätdekonstruktivismus – während Fachleute über den Stil streiten, genießen die Düsseldorfer

Rheinischer Lifestyle: am Medienhafen beim Kaffee den Ausblick auf den Neuen Zollhof genießen

SEHENSWERTES IM HAFEN

1 Kunst im Tunnel
2 Landtag
3 Neuer Zollhof
4 Rheinturm
5 Stadttor
6 Westdeutscher Rundfunk

die bewegte Architektur, die das wahre Leben widerspiegelt: Nichts verläuft geradlinig. In den preisgekrönten *Gehry-Bauten*, wie die Leute die Gebäude nennen, haben Werbeagenturen, Anwälte, Immobilienfirmen und Architekten ihre Büros. Der Neue Zollhof ist ein beliebter Treffpunkt. Man sitzt bei schönem Wetter auf dem Platz davor, trinkt ein kühles Bier, erfreut sich an der faszinierenden Architektur oder schaut auf den Rhein; auch Skater haben hier Platz. *Neuer Zollhof 2–6 | Straßenbahn 706, 709 Stadttor | Bus 726, 732 Rheinturm*

4 RHEINTURM ★

(116 A6) (*D10*)

Der 1982 eingeweihte Fernmeldeturm ist mit 234 m das höchste Gebäude der Stadt. In 172,5 m Höhe befindet sich das rundum verglaste Restaurant *Top 180 (Mo–Fr 13–24, Sa/So 12–24 Uhr | Tel. 0211 8 63 20 00 | €€)*, das sich einmal in der Stunde um die eigene Achse dreht. Eine Etage tiefer gibt es eine Aussichtsebene mit der *Bar & Lounge M 168 (Öffnungszeiten wie Turm | €)*. Manchem Besucher wird vielleicht ein bisschen mulmig zumute, wenn er von oben hinunterschaut, denn die schrägen Scheiben vermitteln einem das Gefühl, man stünde mit einem Fuß schon draußen. Doch wenn man sich daran gewöhnt hat, ist das Panorama beeindruckend. Aus dieser Höhe bietet sich eine fantastische Aussicht über Stadt und Umland; an sehr klaren Tagen können Sie sogar die Spitzen des Kölner Doms erkennen.

Außen an der Turmsäule ist eine Dezimaluhr zu sehen, von der sich die Zeit

Wolkenkratzer aus Glas und Stahl: das Stadttor

bis auf eine Zehntelsekunde genau ablesen lässt – man muss nur wissen, wie es geht: Von oben nach unten zeigen Lichter die Zehnerstunden, Einerstunden, Zehnerminuten usw. an. *So–Do 10–24, Fr/Sa 10–1 Uhr | Stromstr. 20 | Bus 725, 726 Rheinturm*

5 STADTTOR (124 C1) (*🕮 D10*)

Hoch über der Einfahrt zum Rheinufertunnel, einer der Hauptverkehrsachsen aus den südlichen Stadtteilen ins Zentrum, erhebt sich das neue Stadttor. Die transparente Stahl- und Glaskonstruktion in Form eines auf dem Kopf stehenden Us mit 20 Stockwerken und völlig verglasten Außenwänden ist seit 1999 auch Sitz der nordrhein-westfälischen Staatskanzlei. Im zehnten Stock residiert die Ministerpräsidentin mit einem herrlichen Blick auf Rheinturm und Uferpromenade, Bilk und Oberkassel. Im Erdgeschoss befindet sich ein italienisches Restaurant. *Stadttor 1 | Straßenbahn 706, 709 Stadttor*

6 WESTDEUTSCHER RUNDFUNK (124 C1) (*🕮 D10*)

Das postmoderne Gebäude ist erst 1991 bezogen worden, nachdem der Düsseldorfer Stab des WDR jahrelang zur Untermiete gewohnt hatte. Die gläserne Fassade, blau eingerahmt, verleiht dem Koloss ein transparentes Aussehen. Wie Fernsehen und Hörfunk arbeiten, können Sie sich bei einer kostenlosen Führung zeigen lassen: um 10, 12, 14 und 16 Uhr, Dauer ca. 1,5 Stunden; eine frühzeitige schriftliche Anmeldung ist erforderlich, zu richten an: *besucherservice.duesseldorf@wdr.de*. *Stromstr. 24 | Bus 726, 732 Rheinturm*

AUSSERDEM SEHENSWERT

Wer etwas Zeit mitgebracht hat, sollte die Innenstadt verlassen und die weiter entfernten Sehenswürdigkeiten der Rheinmetropole besuchen. Der Weg lohnt sich: Kunst, Kultur und Erholung sind hier aufs Beste vereint.

BILK (124 121 C–F 1–4) (*🕮 C–G 11–12*)

Das Viertel südwestlich vom Bahnhof war ursprünglich eine Arbeitergegend, in der alles nah beieinander lag: Arbeitsplatz, Wohnung, Vereinslokal. Doch seit den späten 1960ern wird die alte Struktur nach und nach aufgebrochen, nicht zuletzt durch den Einfluss der Uni. Hier wohnen viele Studenten; in die sanierten Häuser ziehen mehr und mehr betuchte Kulturschaffende. Viele kleine Geschäfte, türkische Läden und Antiquariate verleihen dem Stadtteil eine individuelle Atmosphäre und laden zum Bummeln ein. Übrigens gibt es sogar im Weltall Bilker Reminiszenzen: Es handelt sich dabei um sieben kleine Planeten, die „Bilker Planetoiden", die Robert Luther im vorletzten Jahrhundert von der Bilker Sternwarte aus entdeckte.

Ein Kleinod im Viertel ist die winzige romanische Basilika *Alt Sankt Martin* (125 D2) *(🕮 D11) (Martinstr./Bachstr. | Straßenbahn 709, S-Bahn S8, S11, S28 Völklinger Straße S)*, die älteste Kirche Düsseldorfs; sie ist im 12. Jh. auf den Resten einer noch älteren Kirche erbaut worden. Im 19. Jh. war sie nahezu verfallen und wurde nur deshalb nicht abgerissen, weil ihr Turm der Sternwarte als trigonometrischer Punkt diente. Ein Fernrohr erinnert heute als „Sternwartmal" daran.

Eine echte Besonderheit für Liebhaber ist das INSIDER TIPP *Comtoise-Uhrenmuseum* (125 E3) *(🕮 E12) (Besichtigung zu den normalen Geschäftszeiten | Eintritt frei | Suitbertusstr. 151 | www.comtoise.info | U-Bahn U72 Suitbertusstraße)*. Über 300 antike französische Stand- und Wanduhren aus der Region Franche-Comté sind in der Manufaktur eines Uhrmachers in Bilk zu sehen. Eine Sammlung, die in Deutschland ihresgleichen sucht.

Ein Teil des Südparks ist der *Volksgarten* (126 A–B 2–3) *(🕮 G12–13) (Straßenbahn 706, S-Bahn S1, S6, S68 Volksgarten S)*, er bildete die Keimzelle für das Bundesgartenschaugelände. Die Düsseldorfer betrachten ihn aber als etwas Eigenständiges und kämpften um seine Erhaltung, als er ganz von der Buga geschluckt werden sollte. Im Sommer finden am See Grillfeste statt – mit Leuten verschiedener Nationen und Altersgruppen. Am Eingang des Volksgartens stehen Klaus Rinkes „Zeitblumen": 24 riesige Uhren, die jedem seine „verblühende" Zeit anzeigen. Im Volksgarten und im Südpark gibt es elf Skulpturen von Künstlern, die als Schüler oder Lehrer mit der Kunstakademie verbunden sind, u. a. Norbert Krickes „Großer Gideon" und eine Stele von Ulrich Rückriem.

INSIDER TIPP BOTANISCHER GARTEN
(126 B5–6) *(🕮 G14)*

Der Botanische Garten gehört zur Universität und dient in erster Linie zu Lehr- und

SPORTSTADT DÜSSELDORF

Die Liebe zur *Fortuna (www.fortuna-duesseldorf.de)* ist groß. Auch wenn es nicht immer rosig für den Fußballverein aussieht, halten die Fans ihm die Treue und feuern ihre Mannschaft nicht nur in der *Esprit-Arena* **(118 A4)** ***(🕮 A4)*** *(Arena-Str. 1 | U-Bahn U78 Esprit Arena)* an. 2012 gelang für nur eine Saison der Aufstieg in die Erste Bundesliga; es bleibt sportlich turbulent. Auch die *DEG*-Anhänger halten zu ihrem Verein, obwohl er schon bessere Tage hatte. Das Eishockey-Team spielt im *ISS Dome* **(0)** ***(🕮 H2)*** *(Theodorstr. 281 | www.deg-metro-stars.de | Straßenbahn 701, S-Bahn S6 Rath S | Straßenbahn 705, 707, S-Bahn S1, S11 Unterrath S)* in Rath. Beliebt ist auch Handball. Ganze Familien verfolgen die Spiele der *HSG*. Der blau-gelbe Verein spielt in der Mehrzweckhalle *Burg-Wächter Castello* **(129 D4)** ***(🕮 O)*** *(Karl-Hohmann-Str. 1 | www.hsg-duesseldorf.de | Bus 727, 785, 835, S-Bahn S6, S68 Reisholz S)* in Reisholz.

Forschungszwecken. Wegen der schönen Gestaltung mit Heilkräutern, Apothekergarten und Blumenpracht ist er aber auch beim Publikum beliebt. Die Attraktion der Anlage ist das Gewächshaus, das aus einer sphärischen Plexiglaskuppel besteht. Hier haben tropische Exoten ihr warmes Heim. *März, Okt. Mo–Fr 8–18, Sa 13–18, So 10–18, April–Sept. Mo–Fr 8–19, Sa 13–19, So 10–19, Nov.–Feb. Mo–Fr 8–16 Uhr | Eintritt frei | Straßenbahn 704, U-Bahn U73, U79 Universität Ost/Botanischer Garten*

INSIDER TIPP EKŌ-HAUS DER JAPANISCHEN KULTUR (120 B3) *(⊞ B7)*

Das japanische Kulturzentrum mit dem prächtigen shinbuddhistischen Tempel widmet sich der Verbreitung japanischer Kultur mit verschiedenen Veranstaltungen wie beispielsweise Einführungen in die Teezeremonie. Garten- und Landschaftsgestaltung sind wesentliche Aspekte der sehenswerten Anlage. *Die aktuellen Öffnungszeiten finden Sie auf der Homepage des Vereins | Gruppenführungen nach telefon. Vereinbarung unter Tel. 0211 5779182 22 | Eintritt 2,50 Euro | Brüggener Weg 6 | www.eko-haus.de | Bus 834, 836 Niederkasseler Kirchweg*

Barockes Duo: Schloss Benrath wäre ohne seine Gartenanlage nur halb so schön

KAISERSWERTH ★ (128 C2) *(⊞ 0)*

Erst seit 1929 ist Kaiserswerth ein Stadtteil von Düsseldorf. Bis dahin zehrte es allein von seiner ruhmvollen Vergangenheit. Um 700 gründete der englische Missionsbischof Swidbert hier ein Benediktinerkloster. Zur Kaiserinsel – denn „Werth" heißt Insel – avancierte der Flecken, als im 9. Jh. eine Pfalz angelegt wurde, die Kaiser Barbarossa später erweitern ließ. Viel zu sehen ist von ihr heute nicht mehr, denn im Spanischen Erbfolgekrieg wurde sie gesprengt. Ein Bummel durch die schönen alten Gassen ist ein beliebter Sonntagnachmittagssport der Düsseldorfer, deshalb sollten Sie sich Kaiserswerth lieber unter der Woche ansehen.

Sehr stimmungsvoll ist der Suitbertus-Stiftsplatz mit der ehemaligen *Stiftskirche Sankt Suitbertus* aus dem 11. Jh. Hier steht auch das *Geburtshaus von Friedrich von Spee*, der mit seiner „Cautio Criminalis" gegen die Hexenverbrennungen anschrieb und sich damit viel Ärger einhandelte. Berühmt war er aber auch für sein schönes Liederbuch. Und noch einer hat sich in Kaiserswerth um seine Mitmenschen bemüht: Theodor Fliedner, der Begründer der Diakonissenanstalt. *U-Bahn U79 Klemensplatz*

INSIDER TIPP LANTZ'SCHER PARK
(118 A–B2) *(🕮 A–B2)*

Zwischen Messegelände und Kaiserswerth liegt dieser kleine, aber ausgesprochen prächtige alte Park, der 1860 als englischer Garten um das klassizistische Herrenhaus herum angelegt wurde. Zeitgenössische große Plastiken von Richard Serra und anderen stehen unter den alten Bäumen des Parkgeländes, wodurch sich bizarre Eindrücke ergeben. *Lohauser Dorfstr. 5 | Bus 760 Nagelsweg*

SCHLOSS BENRATH ★ ●
(129 D4) *(🕮 0)*

Das 1755 von Kurfürst Karl Theodor erbaute Jagd- und Gartenschloss im Süden der Stadt ist ein Kleinod. Kein anderes europäisches Baudenkmal aus dieser Zeit ist so gut erhalten. Das Bemühen, eine Gesamtkomposition von Architektur, Gartenkunst, Bildhauerei und dekorativen Künsten zu schaffen, ist charakteristisch für die Epoche des späten Barocks am Übergang zum Klassizismus. Architekt war der „Intendant über die Gärten und Wasserkünste" am Mannheimer Hof, Nicolas de Pigage. Den Weiher und den langen Kanal speist das Flüsschen Itter. Über schöne Terrassen gelangt man in die Gartensäle des Schlosses. Die Räume sind reich ausgestattet mit Stuckarbeiten, Wandbespannungen und -vertäfelungen. Außer klassischen Konzerten im *Schlosspark* wird alljährlich im Sommer das Düsseldorfer Barockfest veranstaltet und versetzt die Besucher durch prunkvolle Inszenierungen ins 18 Jh. zurück. Im Ostflügel des Schlosses liegt das weltweit erste *Gartenkunstmuseum*, das sich der Geschichte der Landschaftsplanung widmet. Es sind alle Stile vertreten. Auf 1200 m² gibt es Skulpturen, Gemälde, Modelle und multimediale Präsentationen zu sehen. *Di–So 11–17 Uhr | Eintritt 9 Euro | Benrather Schlossallee 100–106 | www.schloss-benrath.de | U-Bahn U71, U83 Schloss Benrath*

ZIEL IN DER UMGEBUNG

INSIDER TIPP ZONS (129 D4) *(🕮 0)*

Ein Besuch in Zons gleicht einer Reise ins Mittelalter. Die imposante Befestigungsanlage ist die am besten erhaltene im ganzen Rheinland. Seitdem der Kölner Erzbischof im 14. Jh. den Rheinzoll nach Zons verlegte, schützte eine solide Befestigung die Stadt. Die *Burg Friedestrom*, eine geschlossene *Stadtmauer*, der *Sankt-Peters-Turm*, in dem die Zollformalitäten erledigt wurden, sowie viele Wehr- und Wachtürme stehen noch heute. Eine alte Windmühle im holländischen Stil macht die „Skyline" von Zons unverwechselbar. Verbinden Sie den Ausflug doch mit einem Abstecher aufs Wasser: Es gibt eine *Rheinfähre (tgl. im 15-Minuten-Takt: April–Sept. Mo–Fr 6.15–21 Uhr, Sa/So 9–21, Okt.–März Mo–Fr 6.15–20, Sa/So 10–19 Uhr | www.faehre-zons.de)*. Infos und Anmeldung zu Stadtführungen beim *Heimat- und Verkehrsverein der Stadt Zons (Stürzelberger Str. 18 | Tel. 02133 3772 | www.hvv-zons.de)*.

ESSEN & TRINKEN

Die Vertreter der Werbe- und Modebranche prägen Düsseldorf auch gastronomisch; es gibt viele Restaurants und Cafés, in denen man sich regelmäßig sehen lassen muss, um „in" zu bleiben.

Doch die normalen Düsseldorfer lassen sich das Heft nicht aus der Hand nehmen, und in einem Punkt begegnen sich alle – nämlich in der Vorliebe für eine Errungenschaft namens Altbier. Auswärtige müssen sich erst an das bittere, herbwürzige Aroma gewöhnen, aber nach zwei, drei Gläsern ist bisher fast jeder auf den Geschmack gekommen.

Sie sollten unbedingt einen Abend in einem der alten Brauhäuser verbringen. Politiker, Journalisten, Handwerker und Hausfrauen sitzen hier Seite an Seite an den weiß gescheuerten Holztischen. Zimperlich darf man allerdings nicht sein. Die Kellner, *Köbesse* genannt, sind eher schroff als herzlich, der Dienst am Kunden besteht im schnellen Nachliefern von Altgläsern, nicht in kulinarischer Beratung. In manchen Brauereien werden den Gästen die Anlagen gezeigt; oft kann man dort das Bier in Flaschen mit Bügelverschluss zum Mitnehmen kaufen.

Wem für deftige Biervergnügen die Ader fehlt, der braucht nicht zu verzweifeln. Düsseldorf hat Restaurants für jeden Geschmack. Hervorzuheben sind die vielen sehr guten japanischen Restaurants. Auch die Sternegastronomie ist in Düsseldorf zu Hause: Hier gibt es acht vom Michelin-Führer ausgezeichnete Restaurants – mehr als in jeder anderen Stadt in Nordrhein-Westfalen.

 Bild: Halver Hahn (Roggenbrötchen mit Harzer Käse)

Mit Ähzezupp und Altbier: Zu einem gelungenen Düsseldorfbesuch gehört unbedingt auch ein Abstecher ins Brauhaus

BIERGÄRTEN

INSIDER TIPP GALERIE BURGHOF (128 C2) (*🗺 0*)

Die Lage gleich neben der Rheinpfalz und das Panorama sind traumhaft. Der Burghof ist *der* Biergarten der Düsseldorfer und für Touristen ein echter Geheimtipp. Hierher kommen Singles ebenso wie Familien. Am Wochenende ist es oft voll! *Tgl. 11–1 Uhr, auch an schönen Wintertagen geöffnet | Burgallee 1 | Tel. 0211 40 14 23 | U-Bahn U79 Klemensplatz*

MALKASTEN (117 E2) (*🗺 F8*)

Eine Kostbarkeit im Park des Malkastenvereins ist der gemütliche Biergarten, wo die Gäste im Schatten einer mächtigen Linde sitzen. Zum Essen wird hier u. a. Düsseldorfer Alt angeboten. Die Atmosphäre kommt einer kultivierten Unterhaltung entgegen, was mit der Tradition des Orts zusammenhängen muss: Im Park lustwandelte einst Goethe. *Geöffnet meist ab Ende April, Mo–Sa 14–22, So 15–22 Uhr | Jacobistr. 6 | Tel. 0211 17 30 40 | Straßenbahn 707 Jacobistraße*

In der gemütlich-urigen Brauerei Schuhmacher gibt's zünftiges Essen zum frisch Gezapften

RHEINTERRASSE
(121 D3) (*D7*)
Direkt am Rheinufer, unter schönen alten Bäumen. Trotz meist eng besetzter Tische ist die Atmosphäre hier herrlich entspannt. *April–Okt. (nur bei gutem Wetter) Mo–Fr, So 15–23, Sa 12–23 Uhr | Joseph-Beuys-Ufer 33 | U-Bahn U78, U79 Viktoriaplatz/Klever Straße*

BRAUHÄUSER & BIERKNEIPEN

BRAUEREI KÜRZER (116 C3) (*E9*)
Die jüngste unter den Altstadtbrauereien verbindet traditionelle Braukunst mit dem Charme einer Studentenkneipe. Bei einem Black-Angus-Beef-Burger oder dem klassischen Himmel un' Äd kann man dabei zusehen, wie das mildmalzige Altbier vor Ort gebraut wird. Das Motto: „Alt kütt neu." *So–Do 15–1, Fr/Sa 15–3 Uhr | Kurze Str. 18–20 | Tel. 0211 32 26 96 | www.brauerei-kuerzer.de | U-Bahn Heinrich-Heine-Allee*

BRAUEREI SCHUMACHER
(117 E5) (*F9*)
Inbegriff des traditionellen Wirtshauses. Hier essen und trinken Düsseldorfer an langen Holztischen Deftiges. Reich mit Schnitzereien, Zinnzeug und Gemälden ausgestattete Räume. Am dritten Donnerstag im März, September und November gibt es die *Latzenbierfeste* (Altbier mit höherem Alkoholanteil) im Hof mit einer Jazzband. *So–Do 10–24, Fr/Sa 10–1 Uhr | Oststr. 123 | Tel. 0211 8 28 90 20 | U-Bahn U70, U74–79 Oststraße*

BRAUEREI ZUM SCHIFFCHEN
(116 B4) (*E9*)
Einstige Schifferkneipe mit fast 400-jähriger Geschichte, in der auch Napoleon bewirtet wurde. Heute mischen sich hier Einheimische jeden Alters mit Gästen vor allem aus Fernost. Die Karte bietet typische Brauhausspezialitäten, aber auch vegetarische Gerichte. Mit Terrasse. *Tgl. 11.30–24 Uhr | Hafenstr. 5 | Tel. 0211 13 24 21 | U-Bahn Heinrich-Heine-Allee*

FRANKENHEIM (117 F3) (*🗺 F8*)
Das Lokal besitzt schöne Räume mit viel Alt-Düsseldorfer Atmosphäre. Auch eine frühere Pferdetränke hat neue Verwendung gefunden. Großer Biergarten, gutbürgerliche Küche. *Mo–Sa 10–1, So 10–24 Uhr | Wielandstr. 12–14 | Tel. 0211 35 14 47 | Straßenbahn 706, U-Bahn Pempelforter Straße*

IM FÜCHSCHEN ★ (116 C2) (*🗺 E8*)
Selbst für ein Brauhaus geht es hier ziemlich rustikal zu. Das Bier gehört zum Besten, was Alt-Kunst zu bieten hat. Das Essen ist sehr deftig und preiswert; Wurst aus der Hausschlachterei gibt es zum Mitnehmen. Eine Düsseldorfer Institution! *Tgl. ab 9 Uhr | Ratinger Str. 28 | Tel. 0211 13 74 716 | U-Bahn Heinrich-Heine-Allee | U-Bahn U70, U74–U77 Tonhalle*

IM GOLDENEN KESSEL (116 C3) (*🗺 E9*)
Das Lokal, in dem sich das gutbürgerliche Düsseldorf trifft, ist praktisch das Tor zur Altstadt. Im Sommer wird das Geschehen teils nach draußen verlagert, wo man an Stehtischen den Flaneuren zusieht. *Tgl. ab 10 Uhr | Bolkerstr. 44 | Tel. 0211 32 60 07 | U-Bahn Heinrich-Heine-Allee*

UERIGE ● (116 B4) (*🗺 E9*)
Brauhaus-Urtyp, in dem ganz Düsseldorf vorbeischaut. Der Name des Wirtshauses kommt vom Düsseldorfer Wort für „griesgrämig". Die Köbesse hier sind noch heute berühmt für ihre Unfreundlichkeit, aber es ist immer voll. Es gibt ein wechselndes Tagesgericht, sonst kalte Küche. *Tgl. ab 10 Uhr | Berger Str. 1 | Tel. 0211 86 69 90 | U-Bahn Heinrich-Heine-Allee | U-Bahn Benrather Straße*

ZUM SCHLÜSSEL (116 C3) (*🗺 E9*)
Stammhaus der Gatzweiler-Brauerei, in dem das Schlüsselbier gebraut wird. Die Anlage kann auf Anfrage besichtigt werden. Bereits zweimal erhielt die Brauerei den „European Beer Star Award" für das beste Altbier. Probieren Sie's mal! *Tgl. ab 10 Uhr | Bolkerstr. 41–47 | Tel. 0211 8 28 95 50 | U-Bahn Heinrich-Heine-Allee*

CAFÉS

INSIDER TIPP **GUT & GERNE**
(116 B3) (*🗺 D9*)
Die Spezialität des nostalgisch-gemütlichen Cafés sind Trinkschokoladen aus Edelkakao. Dazu gibt es hausgemachten Kuchen. In der anliegenden *Chocolaterie* locken Tafeln, Pralinen und andere süße Sünden – auch in Bioqualität. *Mo–Fr 11–19, Sa 11–18 Uhr | Burgplatz 3–5 | Tel. 0211 86 39 96 96 | www.schokoladenfachgeschaeft.de | U-Bahn Heinrich-Heine-Allee*

HEINEMANN (117 D5) (*🗺 E10*)
Alteingesessenes Café mit hervorragender Konditorei und Confiserie. Es gibt

MARCO POLO HIGHLIGHTS

★ **Arabesq**
Eine kulinarische Genussreise: Köstlichkeiten aus der arabischen Welt → S. 64

★ **Im Füchschen**
Traditionelles Brauhaus mit rheinischen Spezialitäten auf der Speisekarte → S. 61

★ **Roberts Bistro**
Klein und immer voll. Trotzdem ist dieses Lokal ein Muss für Gourmets → S. 66

★ **Weinhaus Tante Anna**
Gehobene Hausmannskost in einem Ambiente, das an alte Zeiten erinnert → S. 66

SPEZIALITÄTEN

Ähzezupp – Erbsensuppe mit Speck oder Eisbein. Typisches Samstagsessen im Rheinland
Altbier – obergäriges Bier, das es nur in Düsseldorf und Umgebung gibt. Dunkle, trübe Farbe, bitter-würziger Geschmack. Maßvoll genossen ist Altbier sehr bekömmlich und gut für die Nieren
Bierhappen – belegte halbe Brötchen, die als Grundlage im Brauhaus gegessen werden. Typischer Belag: Leberwurst, Flöns (Blutwurst), Mett mit scharfen Ölk (Zwiebeln)
Grünkohl – typisches Winteressen, deftig zubereitet mit Schweineschmalz. Dazu gibt es Kassler oder Mettwurst
Hämmche – gepökelte Schweinshaxe (Eisbein). Wird mit Sauerkraut (Kümmelkraut) und Kartoffelbrei serviert
Halve Hahn – kein Geflügel, sondern streng riechender Harzer Käse mit Senf und Kümmel. Dazu gibt's Röggelchen (dunkles, knuspriges Roggenbrötchen)
Himmel un' Äd – Kartoffeln (Ädäppel) und Äpfel (die in den Himmel wachsen) miteinander gekocht – ein erfrischend-herzhaftes Gericht. Dazu wird gebratene Flönz (Blutwurst) serviert
Mostert – original Düsseldorfer Senf, die kulinarische Spezialität aus der Landeshauptstadt. Mostert ist dunkler als handelsüblicher Senf und sehr scharf
Pärken – zwei knackige Bockwürste mit Senf
Rievkooche – Reibekuchen. Ein würziger Kartoffelpuffer, der in Apfelmus getunkt wird. Rievkooche kommen in den Düsseldorfer Brauhäusern traditionell freitags auf den Tisch (Foto re.)
Sauerbraten – Rinderbraten, der vor der Zubereitung mehrere Wochen in einer Beize aus Essig, Lorbeerblättern und Pfefferkörnern ruht. So wird das Fleisch sehr zart. Die säuerliche Sauce wird mit Rosinen verfeinert. Dazu gibt's Rotkraut und Kartoffelklöße (Foto li.)

mehrere Filialen in der Innenstadt. Besonders einladend wirkt das mit Jugendstil-Anklängen eingerichtete Café an der Kö-Galerie. Auch Frühstück und kleine Mahlzeiten werden angeboten. Preisgekrönt sind die Champagnertrüffel! *Mo–Fr 8.30–18.30, Sa 8–18, So 9.30–18 Uhr | Bahnstr. 16 | Tel. 0211 13 13 50 | www.konditorei-heinemann.de | Straßenbahn 705, 706, 708, 709 Berliner Allee*

PURE FREUDE (116 C5) *(🕮 E9)*
Französische Patisserie-Manufaktur, die Petit fours, Eclairs, Törtchen und Pralinen vom Allerfeinsten anbietet. Der absolute Hit sind die Macarons, die sensationell

aussehen und auch so schmecken. Das kleine, nette Café im begrünten Hinterhof ist im Sommer geöffnet. *Di–Sa 9–18 (Laden) bzw. Di–Fr 11–18, Sa 9–18 Uhr (Café) | Hohe Str. 19 | www.purefreude.de | U-Bahn Heinrich-Heine-Allee*

SHENNONG TEA LOUNGE ●
(116 B3) *(🕮 D9)*
Entspannter Teegenuss und ein wenig asiatisches Flair erwarten den Besucher. Erst schnuppert man sich durch das Angebot an roten, schwarzen, grünen, weißen oder exotischeren Sorten, dann wird bestellt. Wer Tee mal anders probieren möchte, bekommt ihn auch als alkoholfreien Cocktail. *Mo–Do 12–20, Fr 12–22, Sa 10–22, So 10–20 Uhr | Burgplatz 2–3 | Tel. 0211 59 81 36 89 | www.shennong.de | U-Bahn Heinrich-Heine-Allee*

KNEIPEN & SZENELOKALE

INSIDER TIPP **DESTILLE** (116 B5) *(🕮 E9)*
Am Rand des Altstadttrubels können Sie in diesem kultigen Kneipen-Bistro in Ruhe essen oder zugleich eins der vielen Veranstaltungsangebote nutzen. Liebhaber von Kunst, Musik, Literatur kommen hier auf ihre Kosten. Infos: *www.destille-duesseldorf.de. So–Fr 16–24, Sa 10–24 Uhr | Bilker Str. 46 | Tel. 0211 32 71 81 | Straßenbahn 706, 708, 709 Poststraße*

MEUSER (120 C3) *(🕮 C7)*
Eine beliebte Kneipe mit 300-jähriger Tradition – Anziehungspunkt für Liebhaber rheinischer Hausmannskost. Spezialität sind die Speckpfannkuchen. Mit Terrasse. *Di–Sa ab 15, So ab 11 Uhr | Alt-Niederkassel 75 | Tel. 0211 55 12 72 | Bus 834, 863 Niederkassel*

INSIDER TIPP **ZICKE** (116 B5) *(🕮 D9)*
Intellektuellen- und Szenebistro, das gegenüber dem Stadtmuseum und somit etwas abseits vom Altstadttrubel gelegen ist. Hier kann man u. a. gut und vor allem spät frühstücken. Bis zum Nachmittag wird in der Zicke alles serviert, was das Herz sonst morgens begehrt. Mit Terrasse. *Tgl. 9–1 Uhr | Bäckerstr. 5a | Tel. 0211 32 78 00 | Straßenbahn 706, 708, 709 Poststraße*

Zicke: Bei so viel Gemütlichkeit und gutem Essen gibt's keinen Grund, zickig zu werden

RESTAURANTS €€€

AGATAS (121 F3) *(🗺 F7)*
Ein kulinarischer Hotspot! Die Speisekarte zeugt von Einflüssen vieler Esskulturen; Inhaberin Agata Reul bezeichnet ihr Konzept als „internationale Cross-Over Kitchen". Das Agatas bekam für seine multikulturelle Spitzenküche bereits einen Michelin-Stern. *Di–Sa 12–14.30 und 18–22 Uhr | Münsterstr. 22 | Tel. 0221 20 03 06 16 | www.agatas.de | Straßenbahn 701, 705, 707 Dreieck | Bus SB55, 721, 752, 754 Münsterstraße/Feuerwache*

ARABESQ ★ (123 D3) *(🗺 0)*
Liebhaber raffinierter kulinarischer Speisen sind im Arabesq bestens aufgehoben. Geboten wird moderne arabische Spitzenküche: Fisch-, Fleisch-, aber auch vegetarische Spezialitäten. Das Ambiente ahmt den Stil von Tausendundeiner Nacht nach, schon das Gebäude kommt einem Märchenschloss gleich. Sonntags von 11 bis 14 Uhr gibt es ein arabisches Brunchbuffet. *Mo–Fr 17–22, Sa/So 10–24 Uhr | Ludenbergerstr. 1–1a | Tel. 0211 61 85 51 81 | Straßenbahn 709, U-Bahn U73, U83 Staufenplatz*

LE BOUCHON (119 D5) *(🗺 F7)*
Serviert wird klassische und moderne französische Küche ohne Schnickschnack, aber immer mit dem gewissen Etwas. Die ausgezeichnete Weinkarte stellt auch anspruchsvolle Genießer zufrieden. *Di–*

GOURMETTEMPEL

Berens am Kai (124 C1) *(🗺 C10)*
Bei Holger Berens im Medienhafen kommen Freunde französisch-mediterraner Speisekreationen auf ihre Kosten. Häufig sind diese Gerichte, wie der Sternekoch sagt, rheinisch inspiriert. Viele Gäste des Berens' schätzen auch das angenehm klare, unaufgeregte Design und die Möglichkeit, beim Essen entspannt den Blick über den Hafen schweifen zu lassen. Menü ab 53 Euro. *Mo–Fr 12–14 und 19–22, Sa 19–22 Uhr | Kaistr. 16 | Tel. 0211 3 00 67 50 | www.berensamkai.de | Straßenbahn 706, 707, Bus 726 Franziusstraße*

Im Schiffchen (128 C2) *(🗺 0)*
Topadresse mit zwei Michelin-Sternen, geführt von Jean-Claude Bourgueil. Eine Spezialität ist der in Kamillenblüten gedämpfte bretonische Hummer. Die Atmosphäre ist gediegen-elegant, aber keineswegs steif. Im Erdgeschoss serviert man im *Bistro Enzo im Schiffchen* auch kleine und preiswertere Gerichte. Menü ab ca. 120 Euro. *Di–Sa ab 19 Uhr | Kaiserswerther Markt 9 | im 1. Stock | Tel. 0211 40 10 50 | www.im-schiffchen.com | U79 Klemensplatz*

Nöthel's (118 A5) *(🗺 A5)*
Im recht bäuerlich geprägten Lörick, zwischen Kohlfeldern und Kürbisplantagen, liegt dieses kulinarische Kleinod versteckt: Fisch, Wild, Geflügel sowie einheimisches Gemüse gehören hier zu den Spezialitäten. Das von Küchenchef Peter Nöthel kreierte Hummermenü (99 Euro) gilt in Gourmetkreisen als legendär. *Di–Sa ab 18.30 Uhr, zu Messezeiten auch So | Bonifatiusstr. 35 | am besten per Auto zu erreichen | Tel. 0211 59 44 02 | www.hummerstuebchen.de | Bus SB51, 833 Hubert-Hermes-Straße*

Fr, So 12–15 und Di–So 18–23 Uhr | Blücherstr. 70 | Tel. 0211 97713417 | www.lebouchon-duesseldorf.de | Straßenbahn 701, 705, 707 Dreieck

GEHRY'S (124 C1) (*C10*)
Das Gehry's besticht vor allem durch seine Lage im Herzen des Medienhafens. An Sonnentagen können die Gäste den tollen Ausblick auf das bunte Treiben im und um den Hafen genießen. Kulinarisch erwarten Sie hier nach einem speziellen Verfahren zubereitete Steaks und ein breites Sortiment an Weinen. *So–Do 10–1, Fr/Sa 10–2 Uhr | Neuer Zollhof 3 | Tel. 0211 15799373 | www.gehrys.de | Bus 723, 726 Erftstraße*

Perfektion bis ins Salatblatt: Im Schiffchen kocht der sternegekrönte Jean-Claude Bourgueil

RESTAURANTS €€

INSIDER TIPP AMANO VERDE
(124 C1) (*C11*)
Im Hotel *Radisson Blu Media Harbour* wird anspruchsvolle vegetarische Spitzenküche geboten. Das Hotelrestaurant offeriert ein umfangreiches Angebot vegetarischer, veganer, gluten- und laktosefreier Gerichte. Die Betreiber legen Wert auf regionale Produkte aus kontrolliertem Anbau. Die Speisekarte wechselt saisonbedingt. Der Küchenchef – selbst überzeugter Veganer – lebt hier seine Passion. *Tgl. 6–10.30 und 18–23 Uhr | Hammer Str. 23 | Tel. 0211 311191 3704 | www.amano-medienhafen.de*

INSIDER TIPP BAR OLIO
(122 A4) (*G8*)
Der kulinarische Knaller im Güterbahnhof! Dieses kleine, unprätentiöse Restaurant hat sich zum Treffpunkt der Schönen und Lässigen entwickelt, im Sommer ist die große Terrasse schnell voll besetzt. Hier bekommen Sie vorzügliche Weine und erstklassige italienische Küche (fast) zu Pizzeriapreisen. *Tgl. 11–1 Uhr | Schirmerstr. 54 | Tel. 0211 3677294 | U-Bahn Wehrhahn S*

INSIDER TIPP DORFSTUBE
(120 B4) (*B–C8*)
Das Restaurant in Oberkassel serviert exquisite Schwarzwälder Spezialitäten. Auch das Interieur ist im Ambiente der Region gehalten. In einem von fünf „Stübchen" können Sie sich traditionell bewirten lassen. *Di–So 12–22 Uhr | Lanker Str. 2 | Tel. 0221 17 25 25 42 | www.dorfstube.de | U-Bahn Belsenplatz*

INSIDER TIPP EL PESCADOR
(122 B5) (*H8*)
Hier können Sie exquisit, aber rustikal frischen Fisch und Meeresfrüchte genießen. Das Angebot ist vielfältig: Es reicht von Klassikern wie Backfisch über ganze Fische (Zackenbarsch für bis zu zehn Personen) bis hin zu Hummer. Dazu gibt es gute Weine. Die Speisen werden in der offenen Küche vor den Gästen zubereitet. Reservierung empfohlen. *Tgl. 12–22 Uhr | Grafenberger Allee 67 | Tel. 0211 2 51 91 53 | www.elpescador.de | Straßenbahn 708, U-Bahn Uhlandstraße*

ROBERTS BISTRO ★ (124 C1) (*C10*)
Das In-Lokal bietet eine ausgezeichnete neue Küche. Gäste aus Werbung, Politik und Business sitzen hier, zum Teil ziemlich eng, beieinander. Wenig Stil, aber Topqualität! Zu den Hauptzeiten ist es immer voll; Kreditkarten werden nicht akzeptiert. *Di–Fr 11.30–22.30, Sa 10–22.30 Uhr (keine Reservierung möglich) | Wupperstr. 2 | Tel. 0211 30 48 21 | www.robertsbistro.de | Straßenbahn 708 Wupperstraße | Bus 723, 726 Erftstraße*

WEINHAUS TANTE ANNA ★
(116 C3) (*E9*)
In dem schönsten aller Altstadtrestaurants fühlen Sie sich ins 19. Jh. zurückversetzt. Dafür sorgt das Interieur mit Antiquitäten aus dem 1872 abgebrannten Stadtschloss. Getreu dem Motto „Neue Küche – Alte Weine" stehen jeden Abend drei Menüs zur Auswahl. Der Weinkeller ist so gut, wie es sich für ein traditionsreiches Haus gehört. *Mo–Sa ab 18 Uhr, zu Messen auch So geöffnet | Andreasstr. 2 |*

In ist, wer hier sitzt: Roberts Bistro ist der angesagte Treff im Hafenviertel

Tel. 0211 13 11 63 | www.tanteanna.de | U-Bahn Heinrich-Heine-Allee

RESTAURANTS €

BENDERS MARIE (116 C3) (*🗺 E9*)
Hier sollten Sie in den Monaten mit „r" vorbeischauen, denn Benders Marie ist ein Muschelhaus. Dabei geht es durchaus rustikal zu: Die „Muscheln rheinische Art" etwa sind deftig. Wer den Schalentieren nichts abgewinnen kann, bekommt auch anderes. *Mo–Fr 17–23, Sa 15–23, So 15–22.30 Uhr | Andreasstr. 13 | Tel. 0211 87 63 82 83 | www.benders-marie.de | U-Bahn Heinrich-Heine-Allee*

INSIDER TIPP **LUANG PRABANG** (122 C5) (*🗺 H9*)
Das Restaurant serviert laotische, mitunter sehr scharfe Küche. Die Spezialitäten: in Bananenblättern gedünsteter Fisch oder Exotisches wie getrocknetes Rindfleisch. Gute Cocktailbar und Beer Lao, das laotische Bier. Die Inhaber betreiben auch das *Manima* in Pempelfort. *Di–Fr 11.30–15 und Di–Fr, So 17.30–23, Sa 17.30–24 Uhr | Platanenstr. 26 | Tel. 0211 2 30 42 75 | www.luang-prabang.net | Straßenbahn 706, 709 Flingern S*

INSIDER TIPP **OKRA** (122 B5) (*🗺 G8*)
Im Okra lernen Sie die äthiopische Küche kennen und können endlich einmal mit den Fingern essen. Grundlage jeder Mahlzeit ist *ingera*, ein Pfannkuchen aus Teffgetreide, der mit leckeren Fleischgerichten serviert wird. Das sehr freundliche Personal hilft beim Lesen der Speisekarte. *Tgl. ab 17 Uhr | Ackerstr. 119 | Tel. 0211 6 91 18 56 | Straßenbahn 708, 709 Birkenstraße*

SATTGRÜN (116 C6) (*🗺 E10*)
Guten Gewissens schlemmen: Alle Speisen im Angebot sind rein pflanzlich, die Zutaten aus fairem Handel. Neben Pasta, exotischen Gemüsecurrys und hausgemachten Kuchen stehen auch frisch gepresste Säfte und Bioweine auf der Karte. Das schmeckt nicht nur Vegetariern. Mittags wird ein Büffet angeboten. Weitere Filialen liegen in *Flingern (Mo–Sa 12–23 Uhr | Hoffeldstr. 18)* und im *Hafen (tgl. 12–23 Uhr | Brückenstr. 12)*. *Mo–Sa 12–17 Uhr | Graf-Adolf-Platz 6 | Tel. 0211 8 76 33 90 | www.sattgruen.de | U-Bahn Graf-Adolf-Platz*

SCHNELLVEG (121 F4) (*🗺 F7*)
„Fast Food 2.0" – so lautet das Motto im stylish-gemütlichen Schnellveg in Pempelfort. Die kreative Karte bietet Burger, Pizza, Pasta und Co. in der vegetarischen oder veganen Variante. *Di–So ab 12 Uhr | Bagelstr. 130 | Tel. 0211 91 18 47 28 | www.schnellveg.com | Straßenbahn 706 Tußmannstraße*

LOW BUDG€T

Japanische Spezialitäten gibt es im gut besuchten Restaurant *Naniwa Noodles & Soups* **(117 E4)** (***🗺 F9***) *(Mi–Mo 11.30–22.30 Uhr | Oststr. 55 | Tel. 0211 16 17 99 | www.naniwa.de | U-Bahn U70, U74–U79 Oststraße)*. Die Qualität zu niedrigen Preisen überzeugt viele, wie die häufigen Warteschlangen vor der Tür beweisen.

Sensationell lecker und sensationell günstig. Diese Kombination gibt es wirklich, und zwar beim *Fritten Piet* **(116 C3)** (***🗺 E9***) *(Mo–Sa 11.30–22 Uhr | Hunsrückenstr. 41 | U-Bahn Heinrich-Heine- Allee)* in der Altstadt. Der Stehimbiss bietet alles rund um Currywurst und Co.

EINKAUFEN

WOHIN ZUERST?
Eine besonders dichte Konzentration an Geschäften finden Sie auf der „Kö" genannten **Königsallee (117 D3–6)** *(🕮 E9–10)*. Die größte Einkaufspassage auf dieser Shoppingmeile ist die Kö-Galerie: Sternförmig laufen hier verschiedene Ladenstraßen (Malls) auf einen Mittelpunkt mit Cafés und Restaurants zu. Von der Königsallee aus erstrecken sich in der Innenstadt weitere Einkaufsstraßen mit Boutiquen, Ketten und Kaufhäusern. Ihren Kö-Bummel starten Sie am besten vom U-Bahnhof Steinstraße/Königsallee **(117 D5)** *(🕮 E9)* aus.

Einkaufen in Düsseldorf kann schwierig sein, und das selbstredend nicht wegen der geringen Möglichkeiten, sondern weil im Gegenteil ein Überangebot an Luxusgütern deutlich macht, was „Qual der Wahl" bedeutet.

Das betrifft vor allem den Modesektor. Einige deutsche Topdesigner kommen hierher oder haben es hier zu etwas gebracht. Die mehrmals im Jahr stattfindenden Schuh-, Mode- und Beautymessen tragen dazu bei, dass Düsseldorf als Deutschlands Hauptstadt des Geschäfts mit der Mode gilt.

Aber es gibt nicht nur Fashion. Für Kenner ist beispielsweise das Antiquitätenviertel in der Carlstadt eine Versuchung, für Sammler die reiche Galerienlandschaft sehr interessant.

Bild: Im Kö-Karree

Mostert, Mode und mehr: In Düsseldorf werden zwischen Königsallee und Rhein Shoppingträume wahr

Haupteinkaufsmeile für den gehobenen Geschmack ist die *Königsallee (Kö)* mit ihren Seitenstraßen. Luxusmarken von Armani bis Jil Sander verkaufen in exklusiven Boutiquen ihre Kollektionen. Chanel ist auf der Luxusmeile mit dem bestsortierten Geschäft nach dem Stammhaus in Paris vertreten.

Die Geschäftsausläufer der berühmten Prachtmeile reichen bis in die Altstadt hinein, in der es neben sehr teuren Läden viele preiswerte Boutiquen und kleine Geschäfte gibt. Hier findet man auch für weniger Geld einiges. Günstiger als die Kö ist auch die Schadowstraße mit der Passage und den Arkaden. Über 200 Geschäfte laden zum ausgiebigen Bummeln ein und machen die Einkaufsstraße zu einer der meistbesuchten Shoppingmeilen Deutschlands. Neue szenige Viertel wie Flingern-Nord oder die Gegend um die Lorettostraße in Unterbilk lohnen ebenfalls einen Besuch. Einen Überblick über die originellen kleinen Läden geben *www.kaufhaus-flingern.de* sowie *www.loretto360grad.de*.

Hier kommt Ken zu seiner Barbie: Sonntags ist Flohmarkt auf dem Radschlägermarkt

ANTIQUARIATE

Etliche schöne Antiquariate, die zum Teil auf bestimmte Themenbereiche spezialisiert sind, liegen an der Bilker Allee. Die meisten Läden öffnen ab 11 Uhr.

HEINRICH HEINE ANTIQUARIAT

(116 B4) *(◻ D9)*

Sehr schöner Laden in einer ruhigeren Straße der Altstadt. Natürlich gibt es Heine-Ausgaben, aber auch andere Klassiker und geisteswissenschaftliche Literatur. *Mo–Fr 11–18.30, Sa 11–16 Uhr | Citadellstr. 9 | www.heineantiquariat.de | Straßenbahn 706, 708, 709 Poststraße*

INSIDER TIPP HOFLADEN-ANTIQUARIAT GANSEFORTH

(121 E6) *(◻ E9–10)*

Für Liebhaber gut erhaltener, schöner alter Bücher, lauschig in einem Hinterhof gelegen. In der Galerie darüber gibt es Stiche und Grafiken aus sechs Jahrhunderten, auch Landkarten und Städteansichten. *Di–Fr 11–18, Sa 11–14 Uhr | Hohe Str. 47 | U-Bahn Graf-Adolf-Platz*

ANTIQUITÄTEN

In der Carlstadt, dem Gebiet südlich des Carlsplatzes, sind auf engem Raum zahlreiche Antiquitätengeschäfte zu finden, eines verführerischer als das andere.

GALERIE CLASSIC ART DECO

(116 C5) *(◻ E9)*

Hier gibt es exquisite Möbel und Objekte. *Mi–Fr 11.30–13 und 15–18, Sa 11–15 Uhr | Bilker Str. 8 | www.artdeco-huthmann.de | U-Bahn Benrather Straße*

FLOHMARKT

RADSCHLÄGERMARKT ★ ●

(119 F4) *(◻ E4)*

Das ist noch ein richtiger Trödelmarkt. Seit 1972 lädt er in unregelmäßigen Abständen sonntags auf dem Gelände des Großmarkts zum Stöbern ein und ist Düsseldorfs ältester Flohmarkt. Die Mischung aus Antikem und 1980er-Jahre-Trödel überzeugt. Neuwaren sind hier strengstens verboten. *Ulmenstr. 275 | Tel.*

0221 8 99 44 90 | Straßenbahn 705, 707, Bus 729 Großmarkt

GALERIEN

In Düsseldorf gibt es weit über 100 Galerien. Adressen und Ausstellungshinweise finden Sie im „Offiziellen Monatsprogramm" sowie im Faltblatt „Düsseldorfer Kunst- und Galerie-Kalender", das vierteljährlich erscheint.

KONRAD FISCHER (122 B5) (*🕮 H9*)
Konrad Fischer studierte mit Gerhard Richter und Sigmar Polke an der Kunstakademie. Von Alfred Schmela wurde er dazu animiert, in den Galeristenberuf zu wechseln. Er begann mit avantgardistischen Skulpturen, die Maler kamen dann später hinzu. Bei Fischer findet sich nahezu alles, was in der Minimal-, Concept- und Land-Art wichtig ist. *Di–Fr 11–18, Sa 11–14 Uhr | Platanenstr. 7 | Tel. 0211 68 59 08 | www.konradfischergalerie.de | Straßenbahn 709 Wetterstraße*

GALERIE PAFFRATH (116 D5) (*🕮 E9*)
Die Galerie ist schon in der fünften Generation eng mit der Düsseldorfer Malerschule verbunden. Johann Baptiste Paffrath baute zunächst als Schreiner die Kisten für den Versand von Gemälden, seit den 60er-Jahren des 19. Jhs. handelte er auch mit Bildern. Bei Paffrath sind Künstler wie die Brüder Achenbach und Max Clarenbach zu finden. *Mo–Fr 10–18, Sa 10–16 Uhr | Königsallee 46 | Tel. 0211 32 64 05 | www.galerie-paffrath.de | U-Bahn Steinstraße/Königsallee*

INSIDER TIPP REMMERT & BARTH
(116 C3) (*🕮 E9*)
Einer der Inhaber, Peter Barth, ist Sohn des bekannten neusachlichen Malers Karl Barth, sodass es für das Spezialgebiet dieser Galerie eine biografische Erklärung gibt. Das schöne Bürgerhaus mit Gewölbekeller ist die beste Adresse für moderne deutsche Kunst der ersten Hälfte des 20. Jhs., für die Maler des Jungen Rheinlands, des Expressionismus und des magischen Realismus. *Di/Do/Fr 10–14.30, Mi 10–18 Uhr | Mühlenstr. 1 | Tel. 0211 32 74 36 | www.remmertundbarth.de | U-Bahn Heinrich-Heine-Allee*

MITBRINGSEL UND MEHR

ET KABÜFFKE – KILLEPITSCHSTUBE ★
(116 C4) (*🕮 E9*)
In dem urigen kleinen Laden im Herzen der Altstadt wird ein besonderer Kräuterlikör verkauft: nämlich Killepitsch, eine Düsseldorfer Spezialität, die nach einem Geheimrezept hergestellt wird. Nebenan im „Kabüffke", was so viel wie ärmliche kleine Kammer bedeutet, in diesem Fall aber eine gemütliche Kneipe meint, können Sie vor dem Kauf ein Gläschen probieren. *Tgl. 11–24 Uhr | Flinger Str. 1 | www.killepitsch.de | U-Bahn Heinrich-Heine-Allee*

MARCO POLO HIGHLIGHTS

★ **Radschlägermarkt**
Für Fans alter Schätze ist Düsseldorfs ältester Trödelmarkt genau das Richtige → S. 70

★ **Killepitsch**
„Geistige" Getränke der besonderen Art → S. 71

★ **Gewürzhaus**
Nur hier können Sie in Erfahrung bringen, was das Geheimnis von ABB ist → S. 72

★ **Brigitte Roos**
Moderne und modische Hutkreationen → S. 75

GEWÜRZHAUS ★ ● (116 C3) *(🕮 E9)*
Hier gibt's die „ächten" Mostertpöttchen. Für Nichtrheinländer: Das heißt Senftöpfchen. Mit Mostert ist aber nicht der bekannte Löwensenf gemeint, sondern der „richtige" Düsseldorfer Senf. Er wird abgefüllt oder in schönen Steinguttöpfen verkauft, die den Düsseldorfer Anker und die Buchstaben ABB tragen – die Initialen des Namensgebers Adam Bernhard Bergrath. Mittlerweile wird der Senf unter der Regie des Senfimperiums Düsseldorfer Löwensenf GmbH hergestellt. *Mo–Fr 9.30–14 und 15–18, Sa 9.30–15 Uhr | Kapuzinergasse 16 | www.gewuerzhaus-altstadt.de | U-Bahn Heinrich-Heine-Allee*

INSIDER TIPP **HITSVILLE RECORDSTORE**
(116 C4) *(🕮 E9)*
Vinyl-Liebhaber sind hier bestens aufgehoben. In Düsseldorfs ältestem Plattenladen gibt es gut sortiert Klassiker und Raritäten aller Musikrichtungen. Die freundlichen Verkäufer sind absolute Experten und helfen gern weiter. Wer nach dem „Hitsville"-Besuch noch nicht genug vom Stöbern hat: Nur ein paar Türen weiter gibt es mit dem *Flipside Recordstore* den nächsten Plattenladen. *Mo–Fr 11–19, Sa 11–18 Uhr | Wallstr. 21 | www.hitsville.de | U-Bahn Heinrich-Heine-Allee*

HUNDESTOLZ (116 C5) *(🕮 E9)*
Hier dreht sich alles um des Menschen liebstes Haustier, es gibt ausgefallene Halsbänder, exklusive Taschen, jede Menge Spielsachen und allerlei verrückten Schnickschnack. Kurzum: Hundestolz ist ein Paradies für Vierbeiner und ihre zweibeinigen Halter. *Di–Fr 11–18.30, Sa 11–16 Uhr | Hohe Str. 35 | www.hundestolz.de | U-Bahn Benrather Straße*

SEVENS ● (117 D5) *(🕮 E9)*
Über 60 exklusive Geschäfte auf sieben Ebenen: Ob Multimedia, junge Mode, Wohndesign oder Accessoires, in dieser Shoppingmall wird jeder fündig. *Mo–Sa 10–20 Uhr | Königsallee 56 | www.sevens.de | U-Bahn Steinstraße/Königsallee*

INSIDER TIPP **STILWERK**
(117 D5) *(🕮 E9)*
Schon die Architektur dieses Trendtempels für Inneneinrichtung ist ein Erlebnis. So edel wie das Glas- und Stahlgehäuse ist auch das Angebot der 42 Geschäfte: die jüngsten Designervorschläge zum Thema Wohnen, ergänzt um Designausstellungen im Stilwerk-Forum. Außerdem: Konzerte, Lesungen usw. *Shops Mo–Fr 10–19, Sa 10–18 Uhr, Schautag So 14–18 Uhr | Grünstr. 15 | www.stilwerk.de | U-Bahn Steinstraße/Königsallee*

LOW BUDG€T

Der *Fashionart-Outletstore* **(121 F1)** *(🕮 **F5**) (Mi–Sa 10–18 Uhr | Merziger Str. 21 | www.fashionart-abendmode.de | Straßenbahn 704 Merziger Straße)* ist der Geheimtipp für günstige Abendkleider und Businessmode.

Weiterverkaufen statt wegwerfen: *Lieblingsstücke* **(122 C4)** *(🕮 **H8**) (Mo–Fr 10–13 und Di–Fr 15–18.30, Sa 11–14 Uhr | Bruchstr. 1 | www.lieblingsstuecke.de | Straßenbahn 709 Hoffeld)* heißt der Secondhandladen, in dem originelle Damen-Outfits die Besitzerin wechseln.

MODE

ABERCROMBIE & FITCH
(117 D4) *(🕮 E9)*
Auch wenn der Hype um das US-Kultlabel mittlerweile etwas abgeklungen ist –

Shopping de luxe! Das Breuninger bietet Edles und Schickes auf fünf Etagen

A&F bleibt die Topadresse für alle, die in exklusiver Clubatmosphäre neben Mode auch ein Stück amerikanisches Lebensgefühl kaufen wollen. *Mo–Sa 10–20 Uhr | Königsallee 17 | www.abercrombie.com | U-Bahn Heinrich-Heine-Allee*

BONNIE (116 C4) *(🕮 E9)*
Verrückte junge Mode von bekannten Designern. Auch Schuhe und Kinderkleidung sind hier zu haben. *Mo–Fr 9.30–19, Sa 9.30–18 Uhr | Hohe Str. 12 | www.bonnie-boutique.de | U-Bahn Heinrich-Heine-Allee*

BREUNINGER (117 D3) *(🕮 E9)*
Das Luxuswarenhaus bietet in seiner deutschlandweit größten Filiale im Kö-Bogen Exklusives vom Parfum bis zur Designerrobe. Vor allem Schuhliebhaber kommen hier auf ihre Kosten: Bei einer Auswahl von rund 25 000 Paar ist sicher für jeden das Passende dabei. Neben persönlichen Shoppingberatern steht sogar ein hauseigener Shuttleservice zur Verfügung. Kulinarische Genüsse gibt es im Restaurant *Sansibar* in der ersten Etage. *Mo–Sa 10–20 Uhr | Königsallee 2 | www.breuninger.com | U-Bahn Schadowstraße*

FRÄULEIN BREDOW GREEN CONCEPT STORE (121 E2) *(🕮 E6)*
Green Concept Store heißt: Mode mit anspruchsvollem Design, die nach ökologischen und fairen Grundsätzen produziert wird. Unter den internationalen Marken finden sich etwa Armedangels, Lanius, Komodo und L'Herbe Rouge. Das Sortiment ist aktuell, folgt aber nicht jedem schnellen Trend. Die Preise sind moderat: Basic-Shirts gibt es ab 25 Euro, Kaschmirkleider kosten knapp 400 Euro. Wechselnde Specials wie Tee oder Schokolade ergänzen das Sortiment. *Mo–Fr 11–19, Sa 11–16 Uhr | Roßstr. 9 | www.fraeuleinbredow.com | Straßenbahn 701, 705, 707 Dreieck*

NORMAN ICKING (116 C4) *(🕮 E9)*
In Outfits des Designers Norman Icking lassen sich die Jungen und Erfolgreichen

Blome hat einen goldenen Daumen für prächtigen Schmuck und edle Uhren

Düsseldorfs besonders gern blicken. Seine Sachen sind schließlich so dezent sexy, dass man sie auch im Büro tragen kann. *Mo–Fr 10–19, Sa 10–16 Uhr | Hermannstr. 23 | www.norman-icking.de | Straßenbahn 706, U-Bahn U72, U73, U83 Lindemannstraße*

JADES (116 C4) (*🕮 E9*)
Wer Glitter und Glamour liebt, findet in diesem Modetempel bestimmt ein schönes Designerstück. Bei ständig wechselnder Schaufensterdeko macht auch das Windowshopping Spaß. Und wer nicht genug bekommen kann, besucht am besten gleich noch *More Jades (Breite Str. 1)* direkt um die Ecke. *Mo–Fr 10–19, Sa 10–18 Uhr | Heinrich-Heine-Allee 53 | www.jades-fashion.de | U-Bahn Heinrich-Heine-Allee*

KAUF DICH GLÜCKLICH
(116 C4) (*🕮 E9*)
Der Concept Store startete einst als kleines Waffelcafé im Berliner Prenzlauer Berg. Neben Labels wie Nümph, King Louie oder Sessùn gibt es auch Schmuck und hippe Wohnaccessoires. *Mo–Sa 10.30–20 Uhr | Carlsplatz 4 | U-Bahn Heinrich-Heine-Allee*

KLEIDSAM (125 D1) (*🕮 D11*)
Kleidsam hat junge, urbane Mode mit Lieblingsstück-Potenzial. Neben internationalen Marken wie Sessùn oder Aunts & Uncles sind auch kleine Labels aus Deutschland im Programm. Originell: Das Schwestergeschäft *Hab + Gut* nebenan mit Accessoires und Geschenkideen. *Di–Fr 11–19, Sa 12–17 Uhr | Neusser Str. 123 | www.kleidsam.eu | Straßenbahn 706, 707, 709 Bilker Kirche*

INSIDER TIPP **PLUP** (122 B5) (*🕮 H8*)
Plup steht für Planet Upcycling und bietet Mode und Accessoires aus wiederverwerteten und nachhaltigen Materialien: von Taschen aus Ösen recycelter Getränkedosen oder alten Feuerwehrschläuchen bis hin zu Brillen aus ausgedienten Skateboards. Die exklusiven Stücke sind ausgefallen, aber alltagstauglich und erschwinglich. *Di–Fr 10.30–18.30, Sa 10.30–15.30 Uhr | Ackerstr. 168b | www.planet-upcycling.de | Straßenbahn 706, U-Bahn U72, U73, U83 Lindemannstraße*

SCHLÜSSELLÄDCHEN (116 C4) (*🕮 E9*)
Die Brauerei *Zum Schlüssel* hat direkt nebenan ein eigenes Geschäft. Dort gibt es moderne und lustige Kleidung sowie Andenken für Altbier-Fans. Zudem verkauft das Düsseldorfer Label Null:Zwo:Elf dort seine Szenemode. *Mo–Fr 12–19, Sa 11–19 Uhr | Bolkerstr. 41 | www.zumschluessel.de/shop | U-Bahn Heinrich-Heine-Allee*

SCHMUCK & ACCESSOIRES

BLOME (117 D4) (*🗺 E9*)
Ein Uhrenspezialist, der neben seltenen und noblen, limitierten Kollektionen auch sportliches Design führt. *Mo–Fr 10–19, Sa 10–18 Uhr | Königsallee 30 | www.blome-uhren.de | U-Bahn Steinstraße/Königsallee*

BUCHERER (117 D4) (*🗺 E9*)
Das Schweizer Traditionsunternehmen bietet ein exklusives Edelstein- und Perlenschmucksortiment. *Mo–Fr 10–19, Sa 10–18 Uhr | Königsallee 26 | www.bucherer.com | U-Bahn Schadowstraße*

CEBRA (116 C3) (*🗺 E9*)
In dem Geschäft mit Galerie entwirft Anemone Tontsch kreative Stücke aus ungewöhnlichen Materialien. Hier ist besonderer Schmuck für kleines Budget zu haben. *Di/Mi 11.30–18.30, Do/Fr 11.30–19.30, Sa 11–16 Uhr | Andreasstr. 25 | www.galerie-cebra.de | U-Bahn Heinrich-Heine-Allee*

BRIGITTE ROOS ★ (116 C5) (*🗺 E9*)
Ihr Motto lautet: „Spaß für den Kopf" – neben dekorierten Haarreifen und selbst gestrickten Wollmützen finden Sie bei Brigitte Roos ausgefallene Hüte von klassisch bis verrückt. Schals aus Japan, Frankreich und Spanien ergänzen das Sortiment. Auch Männer werden hier fündig. Für jeden Kopf ist etwas Passendes dabei. *Mo–Fr 11–12.30 und 14–18, Sa 10–16 Uhr | Bastionstr. 23 | U-Bahn Benrather Straße*

SCHUHE

BROOKER (117 D5) (*🗺 E10*)
Bei Brooker gibt es Schuhe, die nicht auf leisen Sohlen daherkommen, etwa von Gianni Versace, aber auch handgenähte englische Herrenschuhe. Darüber hinaus ist hier ausgefallener Modeschmuck zu haben. *Mo–Fr 10.30–19, Sa 10.30–18 Uhr | Bahnstr. 16 | U-Bahn Steinstraße/Königsallee*

SCHUHWIESE (116 C4) (*🗺 E9*)
Außergewöhnliche und farbenfrohe Designs: Mit Marken wie A. S.98, Arche, Camper, Think! und Trippen bietet der Laden eine große Auswahl an originellen Schuhen. Sie sind pflanzlich gegerbt und größtenteils handgearbeitet. Hier steht das Besondere im Vordergund. Auch das Angebot für Herren ist vielseitig. *Mo–Sa 10.30–19 Uhr | Kapuzinergasse 3–5 | www.schuhwiese.de | U-Bahn Heinrich-Heine-Allee*

BÜDCHEN

Das Büdchen ist kaum mehr als ein Fenster mit ein paar Regalen dahinter, aber hier wird auf winzigem Raum so gut wie alles verkauft, und zwar auch außerhalb der üblichen Ladenöffnungszeiten. Von Süßigkeiten über Zigaretten, Kinderspielzeug und Konserven wird bis hin zu Babywindeln so manches über das dick mit Zeitungen bepackte Fensterbrett gereicht, was ausgerechnet am Wochenende oder am Abend ausgegangen ist. Büdchen sind aber nicht nur dann Anlaufstellen, sondern Treffpunkte ganzer Nachbarschaften, an denen geplauscht und das soeben gekaufte Eis gleich aufgenascht wird.

AM ABEND

WOHIN ZUERST?
Heinrich Heine wäre stolz gewesen. Wenn sich Düsseldorfer abends verabreden, treffen sie sich an der **Heinrich-Heine-Allee (116 C3–4)** *(🗺 E8–9)* oder am Ende der **Bolkerstraße (116 C4)** *(🗺 E9)*, an der Heine geboren wurde. Von dort aus geht es in die Altstadt. Wer nicht direkt auf das **Ufer 8**, den **Salon des Amateurs** oder die **Beuys Bar** zusteuert, wählt eine der vielen Kneipen. Die großen Discos und Kulturhäuser sind ebenfalls nah. Vom U-Bahnhof Heinrich-Heine-Allee aus ist man schnell in ganz Düsseldorf.

Auch wenn es überall in der Stadt gute Lokale gibt: Die Düsseldorfer lieben die Altstadt, lassen nichts auf ihre „längste Theke der Welt" kommen. Bei über 250 Kneipen und Restaurants auf 2 km² dürfte jeder seinen Favoriten finden.

Ein Altstadtabend funktioniert so: von einer Kneipe zur nächsten ziehen, hier mal reinschauen, da mal länger bleiben und zwischendurch einen Happen essen. Schön nah beieinander gibt es recht rustikale, um nicht zu sagen wüste Saufkneipen, schicke Bistros, Studentenkneipen, ein paar Discos, Künstlercafés, Brauhäuser, ein bisschen Kleinkunst und im Sommer die obligatorischen Porträtmaler und Zöpfchenflechter auf den Straßen.

Ist es heiß, herrscht Ebbe in den Kneipen. Die Düsseldorfer treffen sich lieber an der

 Bild: Club Mauer

Kneipenhopping und Kultur: Wer eine Tour durch die Altstadt macht, kommt in einer Nacht viel herum

★ ● *Rheinuferpromenade* und auf dem Burgplatz: Sonnenuntergang gucken, klönen, Musik machen und dazu ein Bier genießen – das ist ihre Lebensart.

BARS

BAR FIFTY NINE (116 D5) *(🕮 E9)*
Eine der besten Cocktailbars der Stadt. Abends kann man eine Kleinigkeit essen. Die bequemen Nischen sind nachmittags eine Alternative zu den vollen Cafés an der Kö. *Mo/So 12–24, Di–Do 12–1, Fr/Sa ab 12 Uhr, open end | Königsallee 59 | www.duesseldorf.intercontinental.com | Straßenbahn 701, 705, 706, 708, 709 Berliner Allee | U-Bahn Steinstraße/Königsallee*

BEUYS BAR (116 C3) *(🕮 E8)*
Am Rand der Altstadt werden hier in stilvollem Ambiente hochwertige Cocktails serviert. Große Auswahl an Rum, Gin und Whisky. *Di–Do 18–2, Fr/Sa 19–3 Uhr | Neubrückstr. 2 | U-Bahn Heinrich-Heine-Allee*

ELLINGTON ★ (117 E6) *(🕮 F10)*
Etwas versteckt, aber unweit des Hauptbahnhofs liegt diese Perle der Düsseldorfer Barszene. Dunkles Holz, entspannte Jazzklänge und erstklassige Cocktails – hier sind echte Profis am Werk! *Di–So ab 20 Uhr | Scheurenstr. 5 | Straßenbahn 708, 709 Stresemannplatz*

MELODY-BAR (116 C3) *(🕮 E9)*
Cocktailbar im Oldschool-Style: klar und dezent. Die Auswahl auf der Getränkekarte ist bestechend. *Mi–Sa 21–3 Uhr | Kurze Str. 12 | U-Bahn Heinrich-Heine-Allee*

CLUBS & DISCOS

In einigen Diskotheken muss man Eintritt zahlen, manche haben einen Türsteher.

ANACONDA LOUNGE (116 C3) *(🕮 E9)*
Die rötliche Beleuchtung lädt geradezu zum Chillout ein. Probieren Sie die coolen Absinthcocktails! *Mi/Do 20–2, Fr/Sa 20–5 Uhr | Andreasstr. 11 | U-Bahn Heinrich-Heine-Allee*

INSIDER TIPP **CHATEAU RIKX**
(120 B4) *(🕮 C8)*
Ungewöhnlich: Im schicken Oberkassel feiert man hier auf dem Gelände einer ehemaligen Tankstelle. Angesagte Location für ausgefallene Partys. Früh kommen lohnt sich! *Fr/Sa ab 22 Uhr | Belsenplatz 2a | www.chateau-rikx.de | U-Bahn U70, U74–U77 Belsenplatz*

Ob geschüttelt oder gerührt: In der Anaconda Lounge kann man entspannt Cocktails schlürfen

CUBE (116 C3) *(🕮 E9)*
„Zwischen Szene und Mainstream feiern wir Partys, die keiner vergisst" – in diesem Club ist das Motto Programm. Bunt gemischtes Publikum, viele Studenten. *Di–Sa ab 20 Uhr | Mertensgasse 8 | www.dascube.de | U-Bahn Heinrich-Heine-Allee*

DR. THOMPSON'S BAR & GRILL
(122 C6) *(🕮 H10)*
Im Trendviertel Flingern: Früher stellte Henkel hier Seifenpulver her. Heu-

te wird im Restaurant neben dem alten Holzofen gegessen und mit Livemusik und DJs im Club gefeiert. *Restaurant Di–So ab 18, Club Fr/Sa 23–5 Uhr | Erkrather Str. 232 | www.drthompsons.com | Straßenbahn 706, U-Bahn 75, Bus 734, 738 Kettwiger Straße*

MAUER (116 C3) *(🕮 E8)*
Freitags wird meist Elektro aufgelegt, samstags Hip-Hop und Soul. Voll ist es immer. *Fr/Sa 23–5 Uhr | Ratinger Str. 25 | www.mauerclub.de | U-Bahn Heinrich-Heine-Allee*

NACHTRESIDENZ (117 D5) *(🕮 E10)*
Eventlocation in einem alten Theater – für die oberen Zehntausend und alle, die sich gern so fühlen wollen. *Fr ab 23, Sa ab 22 Uhr, open end | Bahnstr. 13–15 | www.nachtresidenz.de | U-Bahn Steinstraße/Königsallee*

PAPAGAYO (116 C3) *(🕮 E9)*
House, Charts und Hip-Hop auf zwei Ebenen. Berühmt-berüchtigt: die Tequila-Bar im alten Gewölbekeller. *Di–Sa ab 20 Uhr | Mertensgasse 2 | www.elpapagayo.de | U-Bahn Heinrich-Heine-Allee*

RUDAS STUDIOS (124 C1) *(🕮 C10)*
Hotspot im angesagten Medienhafen. In dem ehemaligen Film- und Tonstudio gibt es nicht nur jede Menge Partys, sondern auch Livekonzerte. Schlangestehen sollten Sie einplanen! *Di 20–4 Uhr, Fr/Sa 22–5 Uhr | Zollhof 11 | www.rudas-studios.com | Straßenbahn 706, 707, Bus 726 Franziusstraße*

SALON DES AMATEURS
(116 C3) *(🕮 E8)*
Langer, schmaler Schlauch mit bequemen Sesseln, guter Musik, ausgewähltem Angebot an Cocktails und interessantem Publikum vorwiegend aus der Künstler- und Intellektuellenszene. *Di–Do 11.30–1, Fr/Sa 11.30–5, So 11.30–18 Uhr | Grabbeplatz 4 | www.salondesamateurs.de | U-Bahn Heinrich-Heine-Allee*

SCHLÖSSER QUARTIER BOHÈME
(116 C3) *(🕮 E8)*
Das Quartier ist tagsüber ein Restaurant. Abends steigen Partys im Club. Wenn dort DJs Groove, Funk, Party-Classics und House auflegen, stehen die Gäste bis weit auf die Ratinger Straße hinaus Schlange. Im großen Saal gibt es außerdem Konzerte, Comedy- und andere Kulturveranstaltungen. *Mo, Di, Do, So 11–1, Mi 11–3 Uhr, Fr/Sa 11–5 Uhr | Ratinger Str. 25 | www.quartierboheme.com | U-Bahn Heinrich-Heine-Allee*

STAHLWERK (126 C1) *(🕮 H11)*
Durchs ehemalige Stahlwerk dröhnen heute die Beats: mal Rock, mal Techno. *Fr/Sa ab ca. 22 Uhr | Ronsdorfer Str. 134 | www.stahlwerk.de | U-Bahn U75 Kettwiger Straße | Bus 734, 736 Langenberger Straße*

MARCO POLO HIGHLIGHTS

★ **Rheinuferpromenade**
Die schönsten Sonnenuntergänge nach Bali → S. 77

★ **Ellington**
Für Wagemutige: Probieren Sie den „Q" – einen Wodkadrink mit Gurke und Wasabi → S. 78

★ **Kom(m)ödchen**
„Immer positiv dagegen" – und eines der bekanntesten Kabaretts der Republik → S. 80

★ **Apollo Varieté**
Magie und Artistik in Perfektion erleben → S. 82

STONE (116 C3) *(E8)*
Hinter dem unscheinbaren Namen steckt ein Stück Düsseldorfer Geschichte: der *Ratinger Hof*, eine Altstadtinstitution, in der Trends wie NDW, Punk und Techno geboren wurden. Nach Jahren des House kommt nun der Rock zurück. *Mi 21–3, Fr/Sa 21–5 Uhr | Ratinger Str. 10 | www.stone-club.de | U-Bahn Heinrich-Heine-Allee*

INSIDER TIPP **UFER 8** (116 B4) *(D9)*
In diesem schicken Club direkt an der Rheinuferpromenade können anspruchsvolle Gäste lange und ausgelassen feiern – donnerstags und unregelmäßig am Wochenende. *Do ab 21.30 Uhr, Sa/So ab 23 Uhr | Rathausufer 8 | www.ufer8.de | U-Bahn Heinrich-Heine-Allee*

JAZZ, ROCK & POP

JAZZSCHMIEDE (125 F4) *(E13)*
Ein Muss für jeden Jazzfan. Dienstags gibt es Jamsessions, an anderen Tagen werden Konzerte veranstaltet. *Himmelgeister Str. 107g | www.jazz-schmiede.de | Straßenbahn 701, 706 Am Steinberg*

SCHICKIMICKI (116 C4) *(E9)*
Hier ist der Name ausnahmsweise mal nicht Programm. Der Club mitten in der Altstadt will alles sein, nur kein Schickimicki: wild, rockig, herzlich. Lokale DJs legen auf. *Mi–Sa ab 21 Uhr | Neustr. 51 | www.facebook.com/schickimicki | U-Bahn Heinrich-Heine-Allee*

ZAKK ● (126 B1) *(H10)*
Das *Zentrum für Aktion, Kultur und Kommunikation* bietet Partys, Konzerte und Oldie-Nights. Donnerstags ist ab 21 Uhr „Frauenschwoof". Viele Lesungen und Diskussionen sind kostenfrei. Termine finden Sie im „Biograph". *Fichtenstr. 40 | Tel. 0211 9 73 00 10 | www.zakk.de | Straßenbahn 706 Fichtenstraße | U-Bahn U75 Kettwiger Straße*

KABARETT

KOM(M)ÖDCHEN ★ ●
(116 C3) *(E9)*
Düsseldorfs einziges, dafür aber auch in der ganzen Republik bekanntes Kabarett. Hier sind Talente entdeckt worden, z. B. Mathias Richling und Thomas Freitag. Seit dem Tod von Kay und Lore Lorentz führt ihr Sohn das Haus. *Kunsthalle | Kay-und-Lore-Lorentz-Platz | Tel. 0211 32 94 43 | www.kommoedchen.de | U-Bahn Heinrich-Heine-Allee*

KINO & FILMKUNST

Neben Multiplexkinos mit aktuellen Produktionen prägen in Düsseldorf insbesondere Filmkunstkinos die Szene. Sämtliche Programme sind unter *www.biograph.de* zu finden.

BAMBI-FILMSTUDIO (117 F4) *(F9)*
Schönes altes Programmkino mit zwei Sälen, das täglich zwei Hauptfilme zeigt. Diverse Sonder- und Spätprogramme. *Klosterstr. 78 | Tel. 0211 35 36 35 | Straßenbahn 707 Klosterstraße*

INSIDER TIPP **BLACK BOX**
(116 B4) *(D9)*
Kino im Filmmuseum, die Schwerpunkte sind Filmgeschichte und Retrospektiven. Gezeigt werden alle großen Filmklassiker und modernes Experimentelles. *Schulstr. 4 | Tel. 0221 8 99 22 32 | U-Bahn Benrather Straße*

METROPOL (125 E2) *(E11)*
Das letzte Stadtteilkino Düsseldorfs – in Bilk, immer noch nahe der Innenstadt. Auf der Großbildleinwand des Programmkinos wirken auch 70-mm-

Lässig auf ein Getränk im Ohme Jupp vorbeischauen geht immer

Klassiker. *Brunnenstr. 20 | Tel. 0211 34 97 09 | U-Bahn U71–U73, U83, S-Bahn S8, S11, S28 Bilk S*

SAVOY (117 E6) (*F10*)
Filmtheater mit Digital- und 3-D-Technik, neuen und alten Filmen. *Graf-Adolf-Str. 47 | Tel. 0211 5 66 34 96 | Straßenbahn 708, 709 Stresemannplatz*

INSIDER TIPP **SOUTERRAIN**
(120 C4) (*C8*)
Das Kellerkneipenkino im Oberkasseler *Café Muggel* mit Bar und viel Beinfreiheit ist urgemütlich. *Dominikanerstr. 4 | Tel. 0211 5 57 18 31 | U-Bahn U74, U75, U76, U77 Barbarossaplatz*

KNEIPEN

AB DER FISCH (122 A3) (*F7*)
Gemütliche Kneipe in Pempelfort. Obwohl sie abseits vom ganzen Citytrubel liegt, ist es hier trotzdem immer voll. Noch dazu gibt es gutes Essen. *Mo–Do 9–1, Fr/Sa 9–2, So 9–24 Uhr | Moltkestr. 124 | Straßenbahn 706 Tussmannstraße | S-Bahn S1, S6, S11 D-Zoo S*

INSIDER TIPP **KREUZHERRENECK**
(116 C3) (*E8*)
Die Kneipe verweigert sich allen Modernisierungen standhaft. Kunststudenten haben die Fensterscheiben entworfen. Gelegentlich tritt in dem kleinen Raum eine Band auf. *So–Do 17–1, Fr/Sa 17–5 Uhr | Altestadt 14 | U-Bahn Heinrich-Heine-Allee*

OHME JUPP (116 C3) (*E8*)
Auf der Karte der gemütlichen Szenekneipe in der Altstadt stehen auch kleine Bistrogerichte. Sonntags bekommen Sie hier zudem ein üppiges Frühstücksbuffet geboten. *Mo–Sa 8–1, So 10–1 Uhr | Ratinger Str. 19 | U-Bahn Heinrich-Heine-Allee*

ZUR UEL (116 C3) (*E8*)
Traditionsreiche Altstadtkneipe für Studenten und ältere Semester. *Mo/Di, Do,*

So 10–1, Mi, Fr/Sa 10–3 Uhr | Ratinger Str. 16 | U-Bahn Heinrich-Heine-Allee

KONZERTE

Die Stadt hat mit den Symphonikern ein hervorragendes Ensemble. Belebt wird die Szene durch die Orchester der *Robert-Schumann-Musikhochschule* (121 E3) (*E7*) (*Fischerstr. 110 | www.rsh-duesseldorf.de*), die bisweilen kostenlos aufspielen, sowie der *Clara-Schumann-Musikschule (www2.duesseldorf.de/musikschule)*. Gemischtes Programm bieten *Esprit-Arena (www.esprit-arena.de)*, *ISS Dome (www.iss-dome.de)* und *Mitsubishi-Electric-Halle (www.mitsubishi-electric-halle.de)*.

PALAIS WITTGENSTEIN

(116 C5) (*E9*)

Im Palais Wittgenstein, nach seinem früheren Besitzer benannt, hat man häufig Gelegenheit, Konzertexamen und Kammerkonzerte zu hören. *Bilker Str. 7–9 | www.palais-wittgenstein.de | U-Bahn Benrather Straße | Straßenbahn 706, 708, 709 Poststraße*

LOW BUDG€T

Zum Programm der *Filmwerkstatt* **(122 B5)** (**G9**) (*Birkenstr. 47 | Tel. 0221 4 08 07 01 | www.filmwerkstatt-duesseldorf.de | Straßenbahn 708, 709 Birkenstraße*) gehören Ausstellungen, Vorträge und Filmvorführungen. Der Eintritt ist günstig, das Sommer-Open-Air-Kino sogar kostenlos.

„Cocktail to go": Viele Bars in der Altstadt bieten ihre Drinks im Sommer auch zum Mitnehmen an – meist zum günstigeren Preis. *Kurze Str., Bolkerstr.* **(116 C3)** (**E9**) | *U-Bahn Heinrich-Heine-Allee*

TONHALLE

(116 C2) (*E8*)

Von Klassik bis Pop wird hier alles geboten. Nur der Stern auf dem Kuppeldach erinnert noch daran, dass die Tonhalle früher einmal ein Planetarium war. Moderne Angebote locken auch junge Leute. So hat das Haus ein eigenes Jugendsinfonieorchester. *Ehrenhof 1 | Tel. 0211 8 99 61 23 | www.tonhalle-duesseldorf.de | U70, U74–U77 Tonhalle/Ehrenhof*

OPER & TANZ

DEUTSCHE OPER AM RHEIN

(117 D3) (*E9*)

Düsseldorf und Duisburg unterhalten die Oper gemeinsam, um Kosten zu sparen und dennoch ein gutes Programm anzubieten: Opern, Operetten, Musicals und Ballett. *Heinrich-Heine-Allee 16a | Tel. 0211 8 92 52 10 | www.operamrhein.de | U-Bahn Heinrich-Heine-Allee*

INSIDER TIPP TANZHAUS NRW

(122 A6) (*G9*)

Einzigartige Einrichtung, in der sich alles um Tanz dreht – vor allem um afrikanische und lateinamerikanische Tanz- und Musikkultur. Mit Bar und Restaurant. *Erkrather Str. 30 | Tel. 0211 17 27 00 | www.tanzhaus-nrw.de | Straßenbahn 704, 708, 709, Bus 721, 722, 738 Worringer Platz*

THEATER & BÜHNEN

APOLLO VARIETÉ ★

(116 A6) (*D10*)

Artisten aus aller Welt präsentieren eine atemberaubende Mischung aus Akrobatik, Comedy, Jonglage und Musik. Die hauseigene Küche genießt man während der Vorstellung oder im Panoramarestaurant mit Rheinblick auch unabhängig von den Shows. *Geöffnet an Spieltagen ab zwei Stunden vor Showbeginn | Apollo-Platz | Tel. 0211 8 28 90 90 | www.apollo-variete.com | Bus 726, 732 Rheinturm*

Palais Wittgenstein | Tel. 0211 32 84 32 | www.marionettentheater-duesseldorf.de | U-Bahn Benrather Straße | Straßenbahn 706, 708, 709 Poststraße

Stepptanz oder Hip-Hop – im Tanzhaus NRW gibt es die unterschiedlichsten Stile zu sehen

CAPITOL (122 A6) (*🕮 G9*)
Der richtige Ort, wenn Sie Musicals sehen möchten. *Erkrather Str. 30 | Tel. 0211 7 34 41 50 | www.capitol-theater.de | Straßenbahn 704, 708, 709, Bus 721, 722, 738 Worringer Platz*

KOMÖDIE (117 D5) (*🕮 F9*)
Gut gemachtes Düsseldorfer Boulevardtheater. *Steinstr. 23 | Tel. 0211 32 51 51 | www.komoedie-steinstrasse.de | U-Bahn Steinstraße/Königsallee*

MARIONETTENTHEATER ●
(116 C5) (*🕮 E9*)
Hier fällt alles ein bisschen kleiner aus – Darsteller, Zuschauerraum und auch die Bühne. Umso stärker ist dagegen die magische Wirkung der gezeigten Opern- und Märcheninszenierungen. *Bilker Str. 7 |*

SCHAUSPIELHAUS
(117 D–E3) (*🕮 F8–9*)
Das offizielle Düsseldorfer Theater mit zwei Häusern in der Innenstadt sowie dem international ausgerichteten *Central (Worringer Str. 140 | alle Linien Hauptbahnhof)* nahe dem Hauptbahnhof. Sonntags gibt es oft Matineen. *Gustaf-Gründgens-Platz 1 | Tel. 0211 36 99 11 | www.duesseldorfer-schauspielhaus.de | U-Bahn Schadowstraße*

INSIDER TIPP **THEATER AN DER LUEGALLEE** (120 C4) (*🕮 D8*)
In dem kleinen Saal mit dem besonderen Charme eines Pariser Vorstadttheaters sind hintergründige Komödien, Revuen und Gastspiele zu sehen. *Luegallee 4 | Tel. 0211 57 22 22 | www.theaterluegallee.de | U-Bahn U70, U74–U77 Luegplatz*

ÜBERNACHTEN

Hotels in Düsseldorf sind teuer. Besonders zu Messezeiten müssen Sie mit erheblichen Preiserhöhungen rechnen – und irgendeine Messe findet immer statt. Wenn Sie nicht schon lange vorher reserviert haben, bestehen kaum noch Chancen, eines der etwa 17 000 Hotelbetten zu ergattern. Selbst im weiteren Umkreis und in den Nachbarstädten ist dann alles ausgebucht.

Eine günstigere Möglichkeit sind Übernachtungen in Privatzimmern. Die Preise für Einzelzimmer beginnen bei 35 Euro und liegen für Doppelzimmer bei 65 Euro, Apartments kosten ab 60 Euro. Es lohnt sich auch, einen Blick in die Samstagsausgabe der „Rheinischen Post" zu werfen: Im Immobilienteil gibt es hier die Rubrik „Messe-Zimmer".

Außerhalb der Messezeit locken die Hotels mit attraktiven Sonderangeboten, z. B. für Wochenendtrips. Auskunft und Zimmervermittlung – auch für private Gästezimmer – über die *Tourist-Information am Hauptbahnhof* (117 F5) *(🕮 F9) (Mo–Fr 9.30–19, Sa 9.30–17 Uhr | Immermannstr. 65b | Tel. 0211 17 20 28 44 | www.duesseldorf-tourismus.de).*

HOTELS €€€

COURTYARD (120 B2) *(🕮 B6)*
Auf der „anderen" Seite, also linksrheinisch gelegen, in Nachbarschaft von hohen Büro- und anderen Hotelgebäuden. *221 Zi. | Am Seestern 16 | Tel. 0211 59 59 59 | www.marriott.de | U-Bahn U77, Bus 828, 836 Am Seestern*

 Bild: Hyatt Regency

Rechtzeitig buchen – und nach dem Aufwachen den Blick über den Medienhafen oder den Charme alter Stadtvillen genießen

HILTON (121 D1) (*🗺 E6*)
Sehr renommiertes Haus: Lounge mit Rheinblick, 21 Meetingräume, Autobahn und U-Bahn in der Nähe, ideale Anbindung zum Flughafen und zur Messe. *375 Zi. | Georg-Glock-Str. 20 | Tel. 0211 43770 | www.hilton.de | U-Bahn U78, U79 Theodor-Heuss-Brücke*

HYATT REGENCY DÜSSELDORF
(122 C1) (*🗺 C10*)
Höchste Klasse auf 19 Etagen im Medienhafen mit Ausblick auf Rhein, Bootshafen, Fernmeldeturm, Promenade und Stadtzentrum. *303 Zi. | Speditionstr. 19 | Tel. 0211 91341234 | www.dusseldorf.regency.hyatt.com | Straßenbahn 707 Speditionstraße*

LINDNER CONGRESS HOTEL
(120 B2) (*🗺 B6*)
Linksrheinisch in einem Bürohochhausviertel gelegen. Sonntags beliebter Lunch. *217 Zi. | Lütticher Str. 130 | Tel. 0211 59970 | www.lindner.de | Bus 828, 834 Lanker Straße*

Einmal den Lord spielen – im Hotel Ashley's Garden

RADISSON BLU SCANDINAVIA (121 D2) *(🕮 D6)*
Sehr günstige Verbindungen zur Messe und in die City. Einen guten Ruf – nicht nur unter Geschäftsleuten – genießt das Restaurant. *314 Zi. | Karl-Arnold-Platz 5 | Tel. 0211 4 55 30 | www.radissonblu.de | U-Bahn U78, U79 Golzheimer Platz*

SHERATON DÜSSELDORF AIRPORT HOTEL (119 E1) *(🕮 D1)*
Das Flughafenhotel der Stadt. Zu empfehlen: Das Restaurant mit Panorama-Fensterfront. Zwischen Lobby und Terminal A liegen nur 50 m Fußweg. *198 Zi. | Terminal Ring 4 | Tel. 0211 4 17 30 | www.sheratonduesseldorfairport.com | Bus SB51, 729, 759, 776, S-Bahn S1, S11, Regio-/Fernzüge Flughafen Bf.*

INSIDER TIPP **VILLA VIKTORIA** (121 E1) *(🕮 E6)*
Ein Nur-Suiten-Hotel in ruhiger Lage, nicht allzu weit vom Messegelände und der Altstadt entfernt. Es ist vor allem auf Geschäftsreisende ausgelegt. *40 Suiten | Blumenthalstr. 12 | Tel. 0211 46 90 00 | www.villaviktoria.com | Straßenbahn 705, 707 Spichernplatz*

HOTELS €€

ACHENBACH (122 B3) *(🕮 H8)*
Schöne alte Villa, sehr ruhig und doch verkehrsgünstig gelegen. *16 Zi. | Achenbachstr. 17 | Tel. 0211 66 90 90 | www.hotel-achenbach.de | U-Bahn U72, U73, U83 Lindemannstraße*

APARTMENTHAUS HOHE STRASSE (116 C5) *(🕮 E9)*
Für Leute, die mindestens eine Woche bleiben wollen. Einzelapartments mit ca. 25–30 m² ab 75 Euro/Tag; Suiten auf Anfrage. Im ruhigeren Teil der Altstadt und damit sehr zentral gelegen. *37 Apt. | Hohe Str. 37–41 | Tel. 0211 86 22 11 00 | www.apartmenthaus-hohestrasse.de | U-Bahn Benrather Straße*

ASHLEY'S GARDEN ★ (119 D5) *(🕮 C5)*
Very british: edle Stoffe von Laura Ashley und Antiquitäten in den Zimmern. Den Gästen steht kostenfrei ein Bentley-Limousinenservice zur Verfügung. Zum Hotel, das zu den besten seiner Kategorie in Deutschland zählt, gehören Sauna, Solarium und ein kleines Fitnessstudio. Absolut ruhige Lage. *38 Zi. | Karl-Kleppe-Str. 20 | Tel. 0211 5 16 17 10 | www.ashleysgarden.de | U-Bahn U78, U79 Reeser Platz*

BEST WESTERN SAVOY HOTEL (117 E5) *(🕮 F9)*
Zentral gelegenes, komfortables Hotel. *114 Zi. | Oststr. 128 | Tel. 0211 38 83 80 | www.savoy-hotel-duesseldorf.de | Straßenbahn 709 Hauptbahnhof, U-Bahn U70, U74–79 Oststraße*

BURNS ART HOTEL (117 E6) (*🗺 F10*)
Während das Hotel außen eine prächtige Stuckfassade ziert, besticht das Interieur durch schnörkelloses Design. Werke zeitgenössischer Künstler setzen Akzente. Viel Businesspublikum. *35 Zi. | Bahnstr. 76 | Tel. 0211 7 79 29 10 | www.hotel-burns.de | U-Bahn U70, U74–79 Oststraße*

COURTYARD (124 B1) (*🗺 C10*)
Schöner kann der Blick auf den Medienhafen und den Neuen Zollhof nicht sein (aber etwas teurer als Zimmer zum Innenhof). Fitnessbereich und Restaurant sollen auch Gruppen locken – für die gibt es Sondertarife. *139 Zi. | Speditionstr. 11 | Tel. 0211 4 93 90 | www.marriott.de | Straßenbahn 707 Speditionstraße*

GILDORS HOTEL ATMOSPHÈRE
(121 F2) (*🗺 F6*)
Familiengeführtes Hotel mit französischem Flair in ruhiger Lage mit guten Verkehrsanbindungen zur Innenstadt. Wechselnde Buchungsspecials. *48 Zi. | Collenbachstr. 51 | Tel. 0211 5 15 85 00 | www.gildors-hotel.de | Straßenbahn 705, 707 Essener Straße*

HOTEL HANSEAT (120 B4) (*🗺 B8*)
Ein Segelschiff an der Fassade unterstreicht das hanseatische Flair dieses gediegenen Hotels. Besonders einladend: der begrünte Innenhof. Nur wenige Schritte sind es zu den Restaurants und Szenekneipen im schmucken Stadtteil Oberkassel; die Altstadt erreicht man mit der Bahn in zehn Minuten. *37 Zi. | Belsenstr. 6 | Tel. 0211 5 50 27 20 | www.hotel-hanseat.de | U-Bahn U70, U74–U77 Belsenplatz*

HAUS AM ZOO ★ (122 B2) (*🗺 G6*)
Modernes kleines Hotel mit persönlicher Atmosphäre im Zooviertel. Es ist zentral gelegen und trotzdem sehr ruhig. Attraktiver Garten mit Pool. *22 Zi. | Sybelstr. 21 | Tel. 0211 6 16 96 10 | www.hotel-haus-am-zoo.de | Straßenbahn 708, U-Bahn U71 Hansaplatz*

HOTEL AM VOLKSGARTEN
(126 B2) (*🗺 G11*)
Mit Liebe zum Detail wurden die Zimmer gestaltet, z. B. im Stil „Louis XIV" oder „Schwedisches Landhaus". Das Haus befindet sich in ruhiger, günstiger Lage, Altstadt, Kö und Hauptbahnhof sind gut zu erreichen. Viele Extras: Auf Wunsch werden etwa Betten für Allergiker bereitgestellt und die Nutzung öffentlicher Verkehrsmittel ist für Gäste kostenlos. *14 Zi. | Flügelstr. 46 | Tel. 0211 72 50 50 | www.hotel-am-volksgarten.de | Straßenbahn 706, Bus 721, 722, 736 Flügelstraße*

HOTEL ORANGERIE (116 B5) (*🗺 D9*)
Eine kleine Perle, im ruhigen Teil der Altstadt gelegen. Hinter der klassizistischen Fassade verbirgt sich ein modernes Hotel, in dem mit sicherem Geschmack Altes und Neues zusammengeführt wird. *27 Zi. | Bäckergasse 1 | Tel. 0211 86 68 00 | www.hotel-orangerie-mcs.de | Straßenbahn 706, 708, 709 Poststraße*

MARCO POLO HIGHLIGHTS

★ **Ashley's Garden**
Die feine englische Art: Gäste werden im Bentley in die Stadt gefahren → S. 86

★ **Haus am Zoo**
Villa mit großem Garten in zentraler Lage → S. 87

★ **Hotel am Hofgarten**
Klein und freundlich.
Am Park und unweit der Sehenswürdigkeiten gelegen → S. 90

NH DÜSSELDORF KÖNIGSALLEE
(117 D6) (*🗺 E10*)
Modernes, komfortables Vier-Sterne-Hotel nahe der Kö. *111 Zi. | Adersstr. 29–31 | Tel. 0211 38 97 0 | www.nh-hotels.de | Straßenbahn 701, 705, 706, 708, 709 Berliner Allee*

SCHNELLENBURG (118 C5) (*🗺 B5*)
Direkt am Rhein gegenüber dem Messegelände gelegen. Wer abends abschalten möchte, lässt im Restaurant die großen Kähne auf dem Fluss an sich vorbeiziehen. *50 Zi. | Rotterdamer Str. 120 | Tel. 0211 4 38 84 38 | www.schnellenburg.de | Bus 722 Messe/Congress Center*

ST. ANDREAS (116 C3) (*🗺 E9*)
Gemütliches Hotel über dem Restaurant *Benders Marie* (s. S. 67). Zwölf modern eingerichtete, helle Zimmer. *Andreasstr. 13 | Tel. 0211 5 85 89 80 | www.de.hotel-sankt-andreas.net | U-Bahn Heinrich-Heine-Allee*

VILLA OBERKASSEL (120 B5) (*🗺 C8*)
Nur zwei Minuten vom Rhein entfernt liegt diese charmante Jugendstilvilla. Die zehn geräumigen Zimmer wurden mit einem sicheren Gespür fürs Schöne eingerichtet. Die Lage lädt zu Spaziergängen auf den Rheinwiesen ein. *Düsseldorfer Str. 93 | Tel. 0211 5 85 86 90 | www.hotel-villa-oberkassel.de | U-Bahn U70, U74–U77 Belsenplatz*

INSIDER TIPP **WINDSOR**
(122 B4) (*🗺 G8*)
Ein prachtvolles, im Jugendstil gestaltetes Hotel in einem ehemaligen Patrizierhaus. Jedes Zimmer ist mit Antiquitäten ausgestattet und bietet trotzdem allen erdenklichen modernen Komfort. Hier ist der Gast keine Zimmernummer, sondern wird fürsorglich bewirtet. *18 Zi. | Grafenberger Allee 36 | Tel. 0211 9146 80 | www.windsorhotel.de | U-Bahn U71–U73, U83, Bus 737, S-Bahn S1, S6, S11 Wehrhahn S*

LOW BUDG€T

In der *Jugendherberge* **(120 C5)** **(*🗺 C9*)** *(338 Betten in 96 Zi. | Düsseldorfer Str. 1 | Tel. 0211 55 73 10 | www.duesseldorf.jugendherberge.de | Bus 835, 836 Jugendherberge)* übernachtet man mit Rheinblick, direkt gegenüber der Altstadt. Sehr moderne Ausstattung.

Zentral gelegen ist das Hostel *A&O Düsseldorf* **(125 E1)** **(*🗺 E10*)** *(376 Betten in 150 Zi. | Corneliusstr. 9 | Tel. 0211 33 99 44 800 | www.aohostels.com/de/duesseldorf | Straßenbahn 701, 705 Luisenstraße)*. Die Zimmer kosten ab 10 Euro, Tiefgaragenplätze 12,50 Euro pro Nacht.

Die *Düsseldorf Marketing und Tourismus GmbH (Tel. 0211 17 20 28 51 | www.duesseldorf-tourismus.de)* vermittelt private Gästezimmer im Raum Düsseldorf.

Preiswerte Alternativen zu Hotels finden Sie auch über die *Mitwohnzentrale (Tel. 0211 6 01 62 91 | www.bed-and-breakfast.de)*.

HOTELS €

AIRPORT-FASHION-HOTEL
(119 D4) (*🗺 D4*)
Modernes Hotel in unmittelbarer Nähe zu Flughafen, Messe und Kongresszentrum. Auch eine Kegelbahn und ein Schießstand sind vorhanden. Dazu ein Restaurant mit deutsch-internationaler Küche

Günstige und trotzdem schicke Übernachtungsmöglichkeit: die Jugendherberge Düsseldorf

und ein exzellentes mit chinesischen Spezialitäten, das stadtbekannt ist. *40 Zi. | Am Hain 44 | Tel. 0211 4 39 50 | www.fashion-duesseldorf.de | U-Bahn U78, U79, Bus 722, 760 Messe Ost/Stockumer Kirchstraße*

INSIDER TIPP AUSZEIT HOTEL
(125 F3) (*F12*)
Modernes Hotel mit persönlicher Atmosphäre und kostenfreiem Sauna- und Fitnessbereich. Aushängeschild ist das Frühstücksbüffet: Zahlreiche Sorten Müsli, frische Waffeln und hausgemachte Marmeladen können bei schönem Wetter auch im ruhigen Garten genossen werden. Am Wochenende gibt es günstigere Übernachtungspreise. *54 Zi. | Auf'm Hennekamp 71 | Tel. 0211 3 02 05 90 | www.auszeit-hotel.de | Straßenbahn 706 Redinghovenstraße*

BATAVIA (117 D5) (*F10*)
Gepflegtes kleines Hotel. Die noble Königsallee liegt direkt um die Ecke, dennoch bewegen sich die Preise angenehmerweise im unteren Niveau. *30 Zi. | Bahnstr. 61 | Tel. 0211 36 11 80 | www.hotelbatavia.de | Straßenbahn 701, 705, 706, 708 Berliner Allee | U-Bahn Steinstraße/Königsallee*

BERIAL (121 F4) (*F8*)
Zentral in einer ruhigen Seitenstraße gelegenes Haus, das Funktionalität und Komfort angenehm verbindet. Sehr freundliches, engagiertes Team. *40 Zi. | Gartenstr. 30 | Tel. 0211 4 90 04 90 | www.hotelberial.de | Straßenbahn 707, Bus 722 Schloss Jägerhof*

BISMARCK (117 F5) (*F10*)
Preisgünstiges Hotel mit Bar, Schwimmbad, Fitnessstudio und Saunabereich. Sehr nettes Personal. Zu Fuß gelangen Sie in wenigen Minuten in die Innenstadt. *44 Zi. | Bismarckstr. 97 | Tel. 0211 160 98 60 | www.hotel-bismarck.de | alle Linien Hauptbahnhof*

CVJM (117 F5) (*F10*)
Direkt am Bahnhof liegt das Haus des Christlichen Vereins Junger Menschen. Von der Stiftung Warentest erhielt es das Qualitätsurteil „gut". Einzelzimmer ab 49 Euro. *38 Zi. | Graf-Adolf-Str. 102 | Tel.*

0211 17 28 50 | www.cvjm-duesseldorf-hotel.de | alle Linien Hauptbahnhof

HOTEL AM HOFGARTEN ★
(121 E4) (*🗺 E8*)

Das nette kleine Hotel liegt günstig zwischen Kaiserstraße und dem Hofgarten und ist relativ preiswert. In zehn Gehminuten erreicht man durch den Park die Altstadt, den Ehrenhof und die Kö. *24 Zi. | Arnoldstr. 5 | Tel. 0211 49 19 90 | www.hotel-am-hofgarten.de | Straßenbahn 701, 705, U-Bahn U78, U79 Nordstraße*

HOTEL DÜSSELDORF MITTE
(117 E6) (*🗺 F10*)

Günstige Unterkunft zwischen Bahnhof und Königsallee mit einladender und moderner Ausstattung. Der Zimmerausweis berechtigt Gäste gleichzeitig zur freien Fahrt im ÖPNV. *87 Zi. | Graf-Adolf-Str. 60 | Tel. 0211 169 78 60 | www.hotel-duesseldorf-mitte.de | Straßenbahn 701, 705, 706, 708, 709 Berliner Allee*

HOTEL IMPERIAL (121 E3) (*🗺 E7*)

Großzügig bemessene, praktisch eingerichtete und ruhige Zimmer (auch für drei und mehr Personen), die alle unlängst renoviert wurden. Das Frühstück wird in einem gläsernen Pavillon serviert. Durch die Nähe zum Bahnhof besonders empfehlenswert für Geschäftsreisende; die Messe ist mit dem ÖPNV problemlos zu erreichen. *58 Zi. | Venloer Str. 9 | Tel. 0211 2 39 70 50 | www.hotel-imperial-duesseldorf.de | Straßenbahn 701, 715, U-Bahn U78, U79 Nordstraße*

LUXUSHOTELS

Breidenbacher Hof (117 D4) (*🗺 E9*)
In Anlehnung an den traditionsreichen Vorgänger neu erbautes Fünf-Sterne-Hotel. Luxuriöse Ausstattung und persönlicher Service garantieren den Komfort. *106 Zi. und Suiten | ab 250 Euro | Königsallee 11 | Tel. 0211 16 09 00 | www.capellahotels.com | U-Bahn Heinrich-Heine-Allee*

Intercontinental (116 D5) (*🗺 E9*)
Das Haus in bester Lage wurde 2005 eröffnet. Besonderer Blickfang: das Atrium mit Glasdach. Als Hommage an die Stadt trägt jede Etage den Namen eines berühmten Düsseldorfers. Entspannung findet man im Schwimmbad oder in der „Bar 59". *287 Zi. | ab 180 Euro | Königsallee 59 | Tel. 0211 8 28 50 | www.duesseldorf.intercontinental.com | U-Bahn Steinstr./Königsallee*

Nikko (117 E–F4) (*🗺 F9*)
Mitten im japanischen Zentrum präsentiert sich das Hotel mit sehr schönem Pool. Gute japanische Restaurants im Haus sowie in der Nähe. *386 Zi. und Suiten | ab 109 Euro | Immermannstr. 41 | Tel. 0211 83 40 | www.nikko-hotel.de | alle Linien Hauptbahnhof*

Steigenberger Park-Hotel (117 D3) (*🗺 E9*)
Geschichtsträchtiges Haus, in dem sich auch die Räume des Industrieclubs befinden; günstig zwischen Hofgarten, Oper und Altstadt gelegen. Mit Spa-World, Gourmetrestaurant und Bars. Berühmt ist die Sommerterrasse mit Blick auf Kö und Hofgarten. *130 Zi. und Suiten | ab 200 Euro | Königsallee 1a | Tel. 0211 138 10 | www.steigenberger.de | U-Bahn Heinrich-Heine-Allee*

Nobles Haus mit Ausblick auf den Hofgarten: das Steigenberger Park-Hotel

INSIDER TIPP HÜTTE 91
(116 F1) (*F10*)
Kleines Boarding-House für alle, die es besonders kreativ mögen: Hier schlafen die Gäste in Kunstwerken. Designer, Illustratoren und Architekten gestalteten die Zimmer mit Science-Fiction-, Musik- und Traumland-Motiven. *4 Zi. | Hüttenstr. 91 | Tel. 0211 56 62 19 42 | www.huette91.de | Straßenbahn 704, 705, 707 Helmholtzstraße | S-Bahn S8, S11, S28 Friedrichstadt S*

KOLPINGHAUS (121 F3) (*F7*)
Hotel und Jugendwohnheim in einem, unweit der lebendigen Nordstraße gelegen. Das angeschlossene Restaurant im Brauhausstil bietet eine bodenständige Küche mit rheinischen Spezialitäten zu moderaten Preisen. Zwei Bowlingbahnen sorgen für Unterhaltung. *43 Zi. | Blücherstr. 6 | Tel. für Hotelgäste 0211 61 70 33 00 | www.stadthotel-duesseldorf.de | Bus 721, 752, 754 Münsterstraße/Feuerwache*

MOTEL ONE DÜSSELDORF HAUPTBAHNHOF (117 F5) (*F9*)
Neues, japanisch inspiriertes Designhotel. Dank guter Schallisolierung lässt es sich trotz der verkehrsgünstigen Lage ruhig schlafen. *244 Zi. | Immermannstr. 54 | Tel. 0221 3 02 05 70 | www.motel-one.com | alle Linien Hauptbahnhof | Straßenbahn 707 Charlottenstraße/Oststraße*

INSIDER TIPP RHEINBLICK
(116 C3) (*E9*)
Einfaches Hotel mitten in der Altstadt, daher für Nachtschwärmer zu empfehlen, die sowieso nicht so viel schlafen wollen. *16 Zi. | Mühlenstr. 15–17 | Tel. 0211 13 36 04 | www.rheinblick-hotel.com | U-Bahn Heinrich-Heine-Allee*

WEIDENHOF (117 E4) (*F9*)
Zentral gelegenes, sehr günstiges Hotel in einem hübschen Altbau. *36 Zi. und Apt. | Oststr. 87 | Tel. 0211 13 06 460 | www.hotelweidenhof.de | U-Bahn U70, U74–79 Oststraße*

ERLEBNISTOUREN

1 DÜSSELDORF PERFEKT IM ÜBERBLICK

START: ❶ **Gehry-Bauten** **ZIEL:** ⓯ **Ufer 8**	**1 Tag** reine Gehzeit 2 Stunden
Strecke: **rund 10 km**	

KOSTEN: Verpflegung ca. 45 Euro, Fahrradmiete (30 Min.) 1 Euro, Straßenbahnticket (Kurzstrecke) 1,60 Euro, Eintritte: ❷ **Rheinturm** 5 Euro, ❻ **Kunstsammlung NRW K20** 10 Euro, ⓯ **Ufer 8** 3–10 Euro
MITNEHMEN: bequeme Schuhe, Handy (für Fahrradausleihe)

Düsseldorf ist eine Stadt der kurzen Wege: In nur einem Tag führt die Tour Sie zu den schönsten Ecken und interessantesten Sehenswürdigkeiten. Sie flanieren über die „Kö", betrachten moderne Kunstwerke und kosten regionale Spezialitäten. Spüren Sie das Flair und lassen Sie sich von der rheinischen Lebensart begeistern!

Städte haben viele Facetten. Wenn Sie Lust haben, diese verschiedenen Gesichter mit all ihren einzigartigen Besonderheiten zu entdecken, wenn Sie jenseits bekannter Pfade geführt oder zu grünen Oasen, ausgewählten Restaurants oder typischen Aktivitäten geleitet werden wollen, dann sind diese maßgeschneiderten Erlebnistouren genau das Richtige für Sie. Machen Sie sich auf den Weg und folgen Sie den Spuren der MARCO POLO Autoren – ganz bequem und mit der digitalen Routenführung, die Sie sich über den QR-Code auf S. 2/3 oder die URL in der Fußzeile zu jeder Tour downloaden können.

10:00 **Los geht's im Medienhafen,** wo das Leben am Fluss morgens noch ruhig ist. Tolles Fotomotiv: die ❶ **Gehry-Bauten** im **Neuen Zollhof** → S. 52. **Von hier aus schlendern Sie zum** ❷ **Rheinturm** → S. 53. Fahren Sie hinauf und genießen Sie den herrlichen Blick über die Stadt!

11:00 **Vom Rheinturm aus spazieren Sie die Promenade entlang in Richtung Altstadt. Biegen Sie rechts ab in die Bäckerstraße** und machen Sie es sich bei einem zweiten Frühstück im Bistro ❸ **Zicke** → S. 63 gemütlich.

❶ Gehry-Bauten

❷ Rheinturm

❸ Zicke

Bild: Medienhafen

- ❹ Carlsplatz
- ❺ Rathaus
- ❻ Kunstsammlung NRW K20
- ❼ Hofgarten
- ❽ Breuninger
- ❾ Königsallee
- ❿ Frida
- ⓫ Hab + Gut
- ⓬ Stadttor

12:30 **Setzen Sie Ihren Weg entlang der Bäckerstraße fort. Über Orangeriestraße und Benrather Straße erreichen Sie den ❹ Carlsplatz**. Hier erleben Sie das bunte Marktgeschehen *(Mo–Fr 8–18, Sa 8–16 Uhr)* zwischen Obst und Gemüse, Blumen, Backwaren, Kräutern und Gewürzen. **Folgen Sie danach der Berger Straße durch die Altstadt bis zum historischen ❺ Rathaus → S. 37** mit dem **Jan-Wellem-Reiterstandbild → S. 34** davor. Das Rathaus kann besichtigt werden – werfen Sie einen Blick hinein!

14:00 **Über Bolker Straße und Neustraße gelangen Sie in zehn Minuten zum Grabbeplatz.** Genießen Sie dort eine der Ausstellungen in der **❻ Kunstsammlung NRW K20 → S. 35** und stärken sich im angeschlossenen **Café**.

15:30 **Von der Kunstsammlung aus überqueren Sie jetzt die Straße und sind schon im ❼ Hofgarten → S. 44**. Düsseldorfs zentraler Park lässt das hektische Treiben vergessen. Nach einem kurzen Spaziergang **verlassen Sie ihn am südlichen Ende** und blicken auf die prägnante Fassade des **Kö-Bogens → S. 22**. **Nach einem kurzen Abstecher in das dort ansässige Luxuskaufhaus ❽ Breuninger → S. 73 steuern Sie die ❾ Königsallee → S. 45 an. Flanieren Sie unter den Kastanien am Stadtgraben entlang** und bestaunen Sie die hochkarätigen Auslagen der Schaufenster. Hier gilt: „Sehen und gesehen werden."

16:30 Von der edlen „Kö" geht es nun in den lebendigen Stadtteil Unterbilk. **Leihen Sie sich dazu am Graf-Adolf-Platz ein Fahrrad an der Station von nextbike → S. 111. Fahren Sie über Talstraße und Kirchfeldstraße (re. abbiegen) bis zur Lorettostraße (li. einbiegen). An der Bilker Kirche können Sie Ihr Rad wieder abstellen.**

17:00 Nach dem Sportprogramm gönnen Sie sich im Café **❿ INSIDER TIPP Frida** *(So–Do 9–1, Fr/Sa 9–2 Uhr | Bilker Allee 4)* eine Pause bei einem Stück Kuchen oder spanischen Tapas. Frisch gestärkt können Sie von dort aus das Viertel mit seinen individuellen und kreativen Geschäften wie **⓫ Hab + Gut → S. 74** erkunden.

18:30 Wenn Sie Ihre Einkaufstour beendet haben, **spazieren Sie den Lahnweg entlang zum ⓬ Stadttor → S. 54. Nehmen Sie hier die Straßenbahn 706 oder 709 bis zum Graf-Adolf-Platz und steigen dann in eine der U-Bahnen zur Heinrich-Heine-Allee um.**

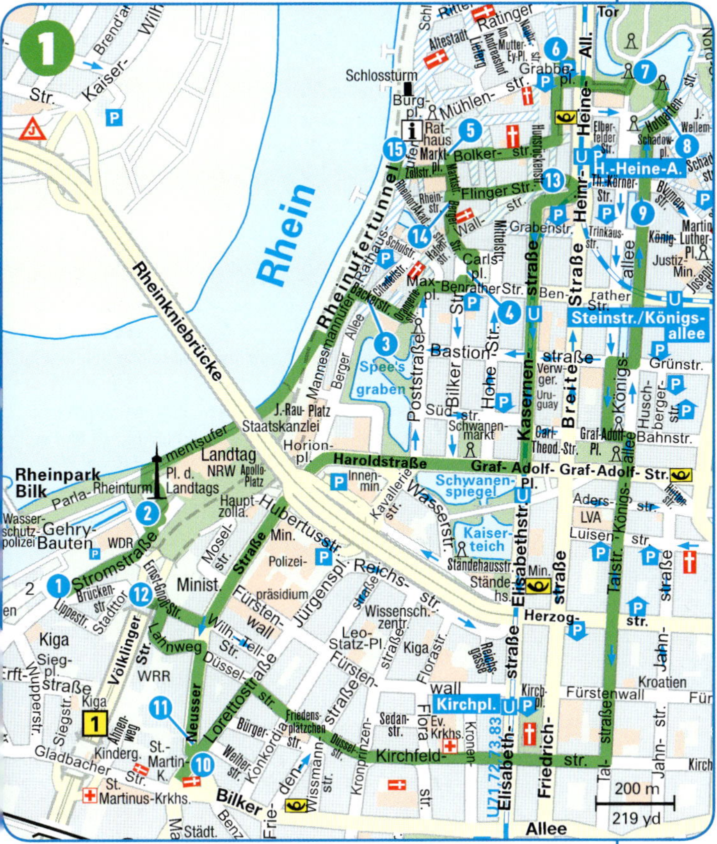

19:00 **Verlassen Sie die U-Bahn-Station am Ausgang ⑬ Flinger Straße und bummeln Sie zum Abschluss noch über die beliebte Shoppingmeile.** Zum Abendessen kehren Sie ins Brauhaus ⑭ **Uerige → S. 61** ein. Hier stillen Sie Ihren Durst mit reichlich hausgebrautem Alt und lassen sich die deftigen rheinischen Köstlichkeiten schmecken.

21:00 Frisch gestärkt stürzen Sie sich anschließend ins Düsseldorfer Nachtleben. **Starten Sie in einer der vielen Bars und Kneipen der „längsten Theke der Welt" in der Altstadt und mischen** Sie sich danach unters Partyvolk im schicken ⑮ **Ufer 8 → S. 80** **auf der Rheinuferpromenade**.

⑬ Flinger Straße

⑭ Uerige

⑮ Ufer 8

2 DIE STADT UND DER FLUSS

START: 1 Ehrenhof
ZIEL: 11 Kasematten

Strecke: 3 km

1 Tag
reine Gehzeit
1 Stunde

KOSTEN: Mittagessen ab 6,90 Euro, Snacks/Getränke ca. 20 Euro, Eintritte: **2 Museum Kunstpalast** (Sammlung) 5 Euro, **8 Schifffahrt-Museum im Schlossturm** 3 Euro

Die besondere Beziehung Düsseldorfs zum Rhein erleben Sie auf dieser Tour selbst: Sie schlendern die mediterrane Uferpromenade entlang, entdecken die Geschichte von Schifffahrt, Stadt und Hafen und genießen den Sonnenuntergang am Wasser.

1 Ehrenhof

2 Museum Kunstpalast

3 Rheinpark

4 Fortuna Büdchen

5 Sankt Lambertus

6 Stadterhebungs-monument

10:00 **Nördlich der Altstadt und unweit des Rheins** befindet sich der monumentale Komplex des **1 Ehrenhofs** → S. 42 mitsamt der **Tonhalle** → S. 82. **Spazieren Sie durch die hübsche Anlage** und bestaunen Sie die imposanten Bauten. Werfen Sie auch einen Blick hinein: Das **2 Museum Kunstpalast** → S. 47 bietet eine große Sammlung von Gemälden der Düsseldorfer Malerschule.

Nach einem kurzen Fußmarsch entlang der Cecilienallee nach Norden erreichen Sie den 3 Rheinpark → S. 50. Erkunden Sie den weitläufigen Grünstreifen und mischen Sie sich unter die vielen Spaziergänger, Sportler und Sonnenanbeter. **Sie drehen eine Runde und laufen dann am Fluss entlang in Richtung Altstadt.** Auf dem Weg bietet das kultige 4 INSIDER TIPP **Fortuna Büdchen** *(Joseph-Beuys-Ufer 27)* Gelegenheit zur Erfrischung: Von der Mauer aus hat man einen wunderbaren Ausblick auf vorbeiziehende Schiffe und die Wiesen des Oberkasseler Ufers.

Setzen Sie Ihren Weg auf dem Schlossufer fort und biegen Sie dann links in die Straße Altestadt ein. Hier, im Herzen des früheren Stadtkerns, fühlt man sich zurückversetzt in das Dorf an der Düssel, das die Rheinmetropole einst war. Besichtigen Sie die gotische Kirche **5 Sankt Lambertus** → S. 38 und lassen Sie sich vom **6 Stadterhebungsmonument** → S. 39 aus der Geschichte Düsseldorfs erzählen.

13:30 **Nur wenige Meter vom Stadterhebungsmonument entfernt** befindet sich das Restaurant

7 Schwan *(tgl. | Mühlenstr. 2 | Tel. 0221 136 53 87 | €)* in bester Lage auf dem **Burgplatz → S. 29** – dem Treffpunkt aller, die sehen und gesehen werden wollen. Genießen Sie hier in entspannter Wohnzimmeratmosphäre eines der guten und günstigen Mittagsgerichte.

Bevor es zurück ans Wasser geht, stimmen Sie sich im **8 Schifffahrt-Museum im Schlossturm → S. 38** schon einmal auf den Rhein ein. Eine Multimediashow und rund 120 Modelle geben spannende Einblicke in vergangene Zeiten und das Leben auf, von und mit dem Fluss.

Blumen, Palmen und Terrassencafés ... **Am Rheinufer** fühlt man sich fast wie am Mittelmeer. **Spazieren Sie die Promenade entlang** und genießen Sie das Flair. Aufgepasst: Die historische **9 Pegeluhr** verrät Ihnen den aktuellen Wasserstand. Hier legen auch die Schiffe der Weissen Flotte → S. 113 ab und schippern auf einstündigen Törns *(14 Euro inkl. Getränke)* bis in den Medienhafen und zurück.

7 Schwan

8 Schifffahrt-Museum im Schlossturm

9 Pegeluhr

Der Burgplatz ist das Herz der Düsseldorfer Altstadt

⑩ Senfmuseum

⑪ Kasematten

17:30 Steuern Sie nun den Alten Hafen an, umrunden Sie das Becken und biegen Sie links zuerst in die Hafenstraße und dann in die Berger Straße ein. Hier gibt es ein echtes Kulturgut zu entdecken: Neben Rhein und Altbier ist Düsseldorf vor allem bekannt für seinen Senf. Den „ächten Mostert" kann man im **⑩ Senfmuseum** → S. 39 nicht nur probieren, sondern stilecht im traditionellen Tontopf auch für zu Hause mitnehmen.

Über die Rheinstraße gelangen Sie wieder auf die Uferpromenade. Lassen Sie den Abend in den **⑪ Kasematten** *(tgl. 10–24 Uhr | Untere Rheinwerft)* ausklingen: Die Terrassenlandschaft mit Cafés, Bars und Bistros bietet einen tollen Blick auf den Fluss. Der ideale Ort, um bei Snacks und einem kühlen Drink den Sonnenuntergang zu genießen!

3 REIN IN DEN SATTEL UND RAUS AUS DER CITY

START: ① Burgplatz
ZIEL: ⑪ Brauerei zum Schiffchen

1 Tag
reine Fahrzeit
ca. 2,5 Stunden

Strecke:
36 km (davon ca. 10 km mit der Bahn)

KOSTEN: Fahrradmiete (je 30 Min.) 1 Euro, (24 Std.) 9 Euro, Frühstück ab 5,90 Euro, Erfrischung im **Schlosscafé Benrath** ca. 3–5 Euro, U-Bahn-Ticket 2,60 Euro, Abendessen ca. 15 Euro
MITNEHMEN: Handy (für die Fahrradausleihe), Rucksack, Decke, Picknickproviant, Sonnenschutz

ACHTUNG: Die Tour ist bei Regen nicht empfehlenswert.

Auf geht's, machen Sie sich ein Bild von Düsseldorfs grüner Seite: Mit dem Rad folgen Sie dem Flussverlauf Richtung Süden und fahren über Deiche vorbei an paradiesischen Sandstränden und weitläufigen Feldern bis zum Schloss Benrath.

① Burgplatz

1,2 km

② KIT

10:00 Die Tour beginnt im Herzen der Altstadt, am ① Burgplatz → S. 29. Mieten Sie sich hier ein Fahrrad von **nextbike** → S. 111. Vor Ihnen erstreckt sich der Rhein. **Fahren Sie links auf der Rheinuferpromenade entlang** und genießen Sie das morgendliche Treiben am Fluss.

Sie steuern auf die Rheinkniebrücke zu und machen Halt am ② KIT → S. 51, wo Sie sich erst einmal ein stärken-

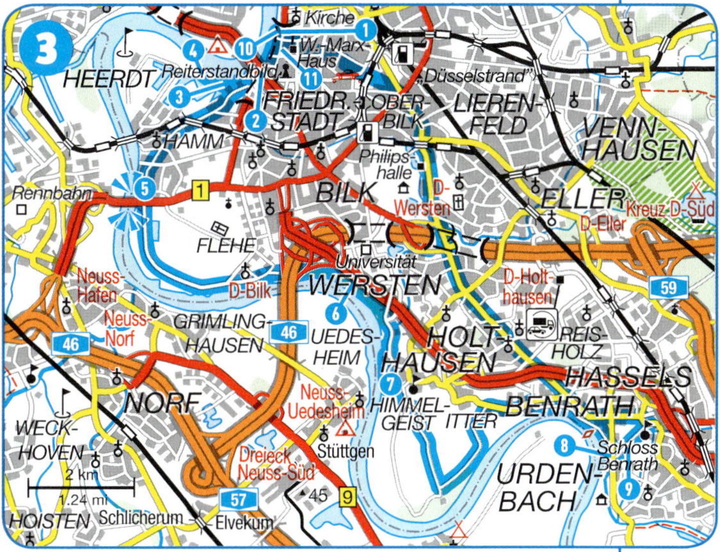

des Frühstück in der **KIT-Bar** *(tgl. ab 10 Uhr | Tel. 0211 56 67 23 61)* gönnen. Vor dem Gebäude lohnt sich noch ein Blick in den **Offenen Bücherschrank → S. 19**: Darin können Sie kostenlos einen Schmöker für die spätere Pause finden.

0,9 km

Dann geht es weiter. **Fahren Sie den Weg über die Wiese hinunter zum Fluss und links entlang in Richtung Rheinturm und Medienhafen. Dann überqueren Sie die ③ Brücke im Hafenbecken** – verweilen Sie einen Moment und genießen Sie aus luftiger Höhe atemberaubende Blicke auf die Altstadt und den **Neuen Zollhof → S. 52**.

③ Brücke im Hafenbecken

0,5 km

Hinter der Brücke verändert sich rasch der urbane Charakter des Rheinufers und naturbelassene Landschaften tun sich auf. Sie sind am ④ Paradiesstrand → S. 18 angelangt, der im Sommer garantiert immer voll ist. **Bleiben Sie auf dem Radweg, der Sie an Rhein und Eisenbahnschienen entlangführt, und lassen Sie die Eisenbahnbrücke hinter sich. Vor der nächsten – der Josef-Kardinal-Frings Brücke – erstreckt sich ein letzter kleiner ⑤ Sandstrand**, der zu einer Pause einlädt. Breiten Sie hier Decke und Picknick aus und genießen Sie die Ruhe: Mit den Füßen im kühlen Nass des Rheins lässt sich an diesem idyllischen Ort wunderbar durchatmen.

④ Paradiesstrand

2,5 km

⑤ Sandstrand

Erst mal genug gestrampelt? In Rheinnähe findet sich leicht ein Platz zum Beineausstrecken

7,5 km

6 Fleher Wasserwerke

2,9 km

7 St. Nikolaus-Kirche

14:00 **Hinter der Brücke beginnt der Hammer Deich.** Sie durchqueren nun ein fruchtbares Rheinauengebiet: Die Flächen werden landwirtschaftlich genutzt, vor allem durch Gärtnereibetriebe. **Folgen Sie dem Radweg, der Sie über den Volmerswerther Deich und den Fleher Deich bis zur Fleher Brücke führt.** Dahinter gelangen Sie in ein Waldgebiet. **Gemütlich radeln Sie weiter, bis Sie zu einer Unterführung gelangen, vor der Sie rechts abbiegen und weiter bis zu den 6 Fleher Wasserwerken** fahren. Links vor dem Eingang sehen Sie einen alten **Brunnen**. Hier können Sie Ihre Flaschen mit Trinkwasser aus dem Werk wieder auffüllen. **Folgen Sie der Straße bis zu ihrem Ende und biegen Sie dann rechts ab (Himmelgeister Landstr.). Vor Am Bärenkamp nehmen Sie die rechts abgehende Nikolausstraße und fahren auf ihr bis zur 7 St. Nikolaus-Kirche**. Werfen Sie einen Blick hinein: Die romanische Kirche aus dem 11. Jh. ist eine der drei ältesten Düsseldorfs.

Hinter dem Gotteshaus halten Sie sich an der nächsten Abzweigung rechts. Die Strecke führt nun immer geradeaus an Wiesen und Feldern vorbei. Der Rheinturm taucht nach einiger Zeit ganz klein über den Wäldern links von Ihnen auf und zeigt, welche Strecke Sie bereits zurückgelegt haben. **An der nächsten Abzweigung radeln Sie weiter geradeaus und wählen den Pfad über den Itterdamm. Sie kommen an einem kleinen Campingplatz heraus, hinter dem Sie sich links halten und dann bei nächster Gelegen-**

heit rechts abbiegen. Hinter der nächsten Linkskurve biegen Sie abermals rechts ein und folgen der Straße bis zum Ende. Dann fahren Sie erneut rechts ab und rollen – auf Am Trippelsberg – kurze Zeit durch ein Industriegebiet. Schließlich biegen Sie rechts in die Reisholzer Werftstraße ein und nähern sich ein letztes Mal dem Rhein, dem Sie links entlang auf der Uferstraße folgen.

Der Weg geht schließlich über in das 8 INSIDER TIPP **Benrather Schlossufer**. An schönen Sommertagen tummeln sich hier Radfahrer und Spaziergänger. Machen Sie auf einer der Parkbänke Rast, um den herrlichen Ausblick zu genießen.

Folgen Sie dann dem Radweg bis zum 9 Schlosspark Benrath → S. 57, der sich – **links gelegen** – über ein großes Waldgebiet bis zur Schlossanlage ausdehnt. **Steigen Sie ab und durchqueren Sie den wunderschönen Park zu Fuß.** Das Areal ist sowohl denkmal- als auch naturgeschützt. Nach dem Spaziergang **steuern Sie dann direkt auf Schloss Benrath** → S. 57 **zu.** Im **Schlosscafé Benrath** *(Sommer Di–So, Winter Mi–So | Tel. 0211 7128 10)* auf dem Schlossgelände können Sie bei einer kleinen Erfrischung die royale Atmosphäre auf sich wirken lassen.

17:00 **Vor dem Schlossweiher befindet sich eine U-Bahn-Haltestelle. Von hier aus nehmen Sie die U71, die Sie zurück in die Altstadt bringt. Steigen Sie an der Heinrich-Heine-Allee aus und laufen Sie das letzte Stück bis zum 10 Burgplatz**, wo Sie die Leihräder wieder an der Station abstellen. Gönnen Sie sich zum Ausklang noch ein deftiges Essen in einem der Brauhäuser, z. B. in der **11 Brauerei zum Schiffchen** → S. 60 unweit des Burgplatzes.

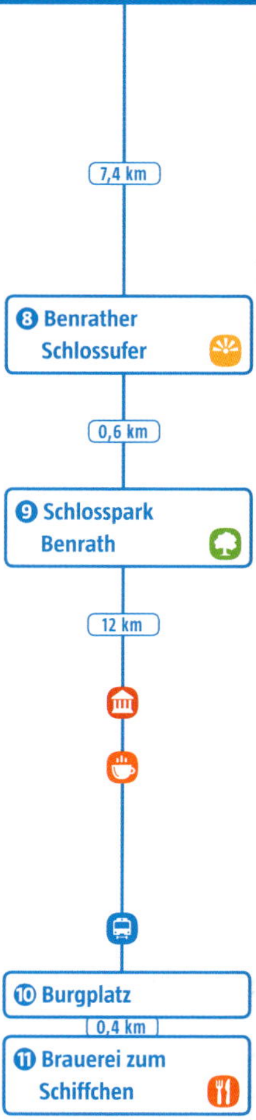

4

KULTUR PUR: STREIFZUG DURCH OBERKASSEL

START: 1 Oberkasseler Brücke ZIEL: 10 Theater an der Luegallee	**1 Tag** reine Gehzeit 2 Stunden
Strecke: rund 6 km	

KOSTEN: Frühstück ab 6,80 Euro, Eintritt 6 **Ekō-Haus** 2,50 Euro, Essen in der 7 **Dorfstube** ca. 15 Euro, Theaterbesuch ca. 19 Euro

Oberkassel trumpft mit schönen alten Bauten, die im Zweiten Weltkrieg weitgehend verschont blieben. Heute ist der Stadtteil bekannt als Kultur- und Luxusviertel. Schicke Boutiquen und Restaurants ziehen sich entlang der zentralen Luegallee. Auf diesem Streifzug erleben Sie Kunst und Shopping de luxe.

1 Oberkasseler Brücke

2 Café Muggel

3 Burkhard-Eikelmann-Galerie

4 Galerie Kellermann

10:00 **Startpunkt der Tour ist die 1 Oberkasseler Brücke** **→ S. 47****. Überqueren Sie diese** und genießen Sie dabei den Blick über den Rhein und auf die Altstadt. **Gehen Sie dann entlang der Luegallee linksseitig weiter. Biegen Sie links ab (Dominikanerstraße)** und lassen Sie sich zur Stärkung auf die Tour ein leckeres Frühstück im gemütlichen **2 Café Muggel** **→ S. 81** schmecken.

Nun sind Sie bereit für den Streifzug durch Oberkassel. **Gehen Sie rechts die Dominikanerstraße bis zum Ende entlang. Auf der gegenüberliegenden Straßenseite sehen Sie die 3 Burkhard-Eikelmann-Galerie** *(Di–Fr 11–19, Sa 10–14 Uhr)*. Werfen Sie hier einen Blick auf die Oberkasseler Kunstszene – vorzugsweise wird moderne Pop-Art gezeigt.

Biegen Sie links in die Cheruskerstraße ein. An ihrem Ende erwartet Sie noch ein Highlight der Kunststadt Düsseldorf: die **4 Galerie Kellermann** *(Di–Fr 11–13 und 15–19, Sa 11–18 Uhr)*. Vom Surrealismus bis zum Neo-Impressionismus sind hier Werke verschiedener Kunstrichtungen zu sehen.

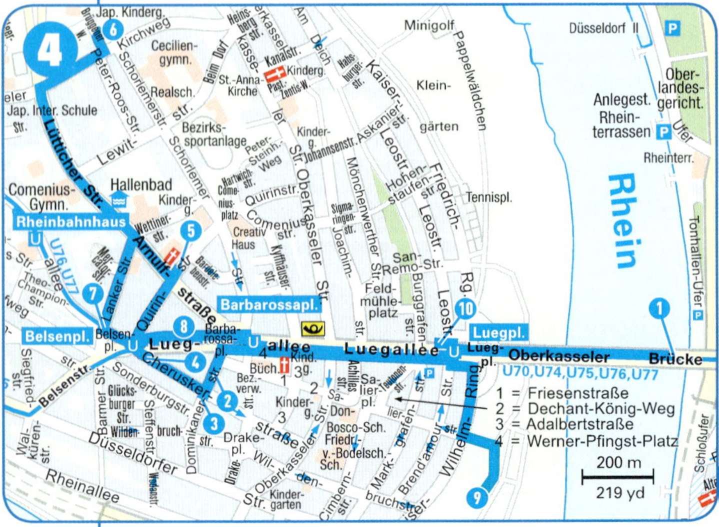

13:00 **Weiter geht's: Sie halten sich rechts, überqueren die Luegallee und gehen in die Quirinstraße.** Sofort blicken Sie hier auf die grünen Dächer der 5 **Ev. Auferstehungskirche**, einen fulminanten Bau rheinischer Backsteinarchitektur der 1920er-Jahre. Werfen Sie auch einen Blick ins Innere – Sie werden überrascht sein, wie eindrucksvoll das Kirchengewölbe ist.

5 Ev. Auferstehungskirche

Wenn Sie aus der Kirche kommen, wenden Sie sich nach rechts und laufen die Straße entlang, bis Sie den Niederkasseler Kirchweg erreicht haben. Sie biegen rechts in die Straße ein und gehen bis zum Brüggener Weg. Diesem folgen Sie bis zum links gelegenen 6 Ekō-Haus der Japanischen Kultur → S. 56. Genießen Sie einen Spaziergang durch die idyllische Gartenanlage. Hier gewinnen Sie einen Eindruck davon, wie tief die japanische Kultur im Buddhismus verwurzelt ist.

Japan lässt sich am Rhein erleben: im buddhistischen Tempel des Ekō-Hauses

Nun gehen Sie den Weg Richtung Kirche zurück, biegen aber vorher halb rechts in die Lanker Straße ein. An ihrem Ende befindet sich die 7 Dorfstube → S. 66, wo Sie Schwarzwälder Spezialitäten schlemmen können. Gönnen Sie sich eine Erholungspause bei Kaffee und Kuchen oder einem herzhaften Mittagessen.

Bereit für einen Bummel durch die Geschäfte der 8 **Luegallee**, der Lebensader Oberkassels? **Überqueren Sie dazu den Belsenplatz und gehen Sie rechtsseitig zurück in Richtung Rhein.** INSIDER TIPP Schlendern Sie auch in die Seitenstraßen, wo Sie schöne alte Häuser und den einen oder anderen exquisiten Laden hinter den malerischen Jugendstilfassaden entdecken können.

6 Ekō-Haus der Japanischen Kultur

7 Dorfstube

8 Luegallee

9 Rheinwiesen

18:00 **Wieder an Brücke und Rhein angelangt,** machen Sie einen Spaziergang über die 9 **Rheinwiesen** → S. 105 bis zum Fluss hinunter. Sammeln Sie ein paar echte Rheinkiesel zur Erinnerung und genießen Sie von hier aus das Altstadtpanorama. **Gehen Sie dann wieder ein Stück zurück auf der Luegallee** und lassen Sie die Tour mit einem Besuch im 10 **Theater an der Luegallee** → S. 83 ausklingen.

10 Theater an der Luegallee

MIT KINDERN UNTERWEGS

ABENTEUERSPIELPLATZ ELLER (127 F4) (*0*)
Feuerstelle und Werkstatt laden zum Experimentieren ein. Biotop und Tiergehege locken junge Forscher. Auf dem Spielplatz und im Wasser- und Matschbereich können die Kleineren herumtollen. Personal achtet auf die Sicherheit. *Herbst- bis Osterferien: Mo–Fr 14–18.30 Uhr; Oster- bis Herbstferien: Mo–Fr 14–19, Sa 14–18 Uhr | Heidelberger Str. 46 | www.asp-eller.de | Straßenbahn 705, U-Bahn U75 Eller, Vennhauser Allee*

AKKI (126 B2) (*H12*)
Der *Verein Aktion & Kultur mit Kindern e. V. (Akki)* setzt auf kulturelle Bildung der Jüngsten, dabei stehen Spaß und Spiel an erster Stelle. Es gibt Kunst- und Kulturprojekte, Medienwerkstätten, Workshops, Mitmach-Ausstellungen, einen Kinderkostümfundus und im Sommer ein Open-Air-Kino. Für viele Veranstaltungen ist eine Voranmeldung nötig. *Siegburger Str. 25 | www.akki-ev.de | Straßenbahn 705 Gangelplatz | U-Bahn U74, U77, U79, S-Bahn S1, S6, S68 Oberbilk S*

DÜSSELSTRAND (120 B5) (*H9*)
Ein Spaßbad mit großer Vielfalt auf 1300 m². Zu entdecken gibt es hier ein Mehrzweckbecken mit Strömungskanal, Bodensprudler, Wasserfall, Röhrenrutsche und Kinderplanschbecken. Sport- und Wellnessangebote für die Eltern runden das Familienprogramm ab. *Mo–Fr 8–22, in den Ferien 9–22, Sa/So 9–20 Uhr | Eintritt ab 4,10 Euro, Kinder ab 2,90 Euro | Kettwiger Str. 50 | www.baederduesseldorf.de | Straßenbahn 706, Bus 734 Stadtwerke/Düsselstrand | U-Bahn U75 Kettwiger Straße*

FREIZEITPARK NIEDERHEIDER WÄLDCHEN (129 D4) (*0*)
Eine Bauernhof-Idylle. Auf 23 ha gibt es viele Möglichkeiten für Spiel, Sport und Erholung: einen Spielplatz mit Seilbahn und Wasserpumpe, einen Rundwanderweg, eine 4500 m² große Spiel- und Liegewiese, einen Kinderbauernhof mit Reitschule, Tischtennis, Street- und Beachvolleyball. *Tgl. 7–20 Uhr, Grillplätze April–Okt. tgl. 7–19 Uhr | Bonner Str. 121 | U-Bahn U71, U83 Niederheid | Bus 724 Sportpark Niederheid*

PUPPENTHEATER (125 F1) (*F10*)
Die Puppen dieses Theaters werden von der Theaterchefin selbst entworfen und machen die erzählten Märchen und Geschichten lebendig. Die Kinder

Vom Theater zum Toben an den Rhein: In Düsseldorf gibt es auch für die kleinen Besucher viel zu entdecken und zu erleben

werden zum Mitmachen angeregt und beteiligen sich so am Geschehen. *Spielplan unter www.puppentheater.de | Eintritt 7 Euro | Helmholtzstr. 38 | Tel. 0211 37 24 01 | Straßenbahn 704, 705, 707, Bus 732 Helmholtzstraße*

RHEINWIESEN

(116 A1–4) (*C–D 7–9*)

Am Düsseldorfer Ufer des Rheins erstrecken sich diese weitläufigen, langen und breiten Wiesen. Sie locken die großen und kleinen Städter nach draußen und sind zu jeder Jahreszeit attraktiv: Im Frühling können Sie hier das erste Picknick des neuen Jahres veranstalten, im Sommer mit der Familie grillen, im Herbst lassen die Düsseldorfer mit ihrem Nachwuchs bunte Drachen in den Himmel steigen. Man kann Schafherden beim Grasen beobachten und auf den Wiesen im linksrheinischen Oberkassel befindet sich ein Bolzplatz. *Z. B. Oberkassel: U-Bahn U70, U74–U77 Luegplatz | Bus 835, 836 Jugendherberge*

STADTFÜHRUNGEN FÜR KINDER

Weckt die Neugier auf Geschichte: Zeugnisse aus 700 Jahren Düsseldorf werden auf einem kindgerechten Spaziergang lebendig. Für besondere Spannung sorgen die als Broschüren in den Tourist-Informationen erhältlichen Stadtrallyes: Knifflige Fragen zu Sehenswürdigkeiten und Co. lotsen die kleinen Entdecker durch Altstadt und Hafen. *Gruppenpreis Stadtführung 95 Euro | Tel. 0211 17 20 28 54 | www.duesseldorf-tourismus.de*

THEATERATELIER TAKELGARN

(125 F2) (*F11*)

Neben Comedy und Kabarett für Erwachsene gibt es bei Takelgarn auch ein INSIDER TIPP Kindertheater. Gezeigt werden klassische Märchen, aber auch neuere Geschichten, Familien- und Mitmachtheater – allesamt Puppenspiele. *Eintritt 7 Euro, Kinder 6 Euro | Philipp-Reis-Str. 10 | Tel. 0211 31 29 93 | www.takelgarn.de | Straßenbahn 704, 707 Fürstenplatz, S-Bahn S8, S11, S28 Friedrichstadt S*

EVENTS, FESTE & MEHR

Langeweile? Gibt es in Düsseldorf nicht: Am Wochenende vergnügen sich Nachteulen jeden Alters in der Altstadt und in den Szenetreffs rund um den neuen Medienhafen. Im Sommer bereichert zudem eine große Zahl an Veranstaltungen das gesellschaftliche Leben der Stadt.

FESTE & VERANSTALTUNGEN

JANUAR

★ ***boot:*** weltgrößte Messe für den Wassersport im letzten Drittel des Monats. *Messegelände | www.boot.de*

Bälle: Hochzeit für die High Society und Karnevalisten; Veranstaltungshinweise gibt es in der Tagespresse.

FEBRUAR

Karneval: Zwischen Altweiberfastnacht und Aschermittwoch herrschen die Narren in Düsseldorf. Am Rosenmontag wird der große Umzug mit Festwagen durch die Innenstadt veranstaltet. *www.karneval-in-duesseldorf.de*

MÄRZ

Tour de Menu: Einen Monat lang bieten Gourmettempel mehrgängige Menüs zum Spezialpreis an. *www.tour-de-menu.de*

APRIL

Marathon: Lauf vorbei an vielen Wahrzeichen; für Profis, Anfänger und sogar Kinder. *www.metrogroup-marathon.de*

MAI

★ ***Nacht der Museen:*** Alle öffentlichen Museen und viele private Sammlungen sind bis 3 Uhr nachts geöffnet. Ermäßigte Eintrittspreise; die Tickets gelten für alle Ausstellungen. *www.nacht-der-museen.de*

MAI/JUNI

Japantag: Düsseldorfs japanische Gemeinde feiert mit Sushi, Origami und großem Feuerwerk am Rheinufer. *www.japantag-duesseldorf-nrw.de*

Jazz-Rally: Jazz und Swing ohne Ende ertönen in Kneipen, Clubs und auf der Straße. *www.duesseldorf-jazzrally.de*

JUNI

Radschlägerturnier: Der Radschläger ist eines der Wahrzeichen Düsseldorfs; auf der Königsallee treten Schüler mit ihren Turnkünsten gegeneinander an.

Bücherbummel: Die „Kö" zeigt sich literarisch. Mit Lesungen, Diskussionen und Buchpräsentationen. *www.buecherbummel-auf-der-koe.de*

***Mittsommernacht** (Sa nach dem 21. Juni)*: Die Samstagnacht nach der kürzesten Nacht des Jahres wird zur längsten – mit Delikatessen, Kultur und Tanz.

JULI

★ ***Rhein-Kirmes:*** Auf den Rheinwiesen blinkt und glänzt es in der zweiten Julihälfte. Der größte Rummel am Rhein erstreckt sich entlang des Oberkasseler Ufers und lockt Millionen Besucher; INSIDER TIPP freitags großes Feuerwerk.

AUGUST

Das ***Gourmet Festival*** lässt das Feinschmeckerherz höherschlagen! Drei Tage lang steht die „Kö" ganz im Zeichen des Genusses. *www.gourmetfestival-duesseldorf.de*

Kunstpunkte: An zwei Wochenenden öffnen viele Düsseldorfer Ateliers ihre Pforten. *www.kunstpunkte.de*

SEPTEMBER

Düsseldorf Festival: für junge und alte Musik in oft extravaganten Inszenierungen; Infos: *www.duesseldorf-festival.de*

Vogue Fashion's Night Out: Exklusive Shoppingnacht mit Angeboten und Aktionen rund um die Königsallee. *www.vogue.de*

NOVEMBER

St. Martin: INSIDER TIPP Martinsumzüge in allen Stadtteilen.

***Hoppeditz' Erwachen** (11. Nov. um 11.11 Uhr | Rathaus)*: Beginn der Karnevalssession

DEZEMBER

Weihnachtsmärkte: In der gesamten Altstadt bis hin zum Winterdorf vor dem Kö-Bogen wird in Düsseldorf an vielen Orten die Adventszeit zelebriert. Geführte Touren über *www.duesseldorf-tourismus.de*

FEIERTAGE

1. Januar	Neujahr
März/April	Karfreitag; Ostermontag
1. Mai	Tag der Arbeit
Mai/Juni	Christi Himmelfahrt; Pfingstmontag; Fronleichnam
3. Okt.	Tag der Deutschen Einheit
31. Okt. 2017	Reformationstag (einmalig nur in 2017)
1. Nov.	Allerheiligen
25./26. Dez.	Weihnachten

LINKS, BLOGS, APPS & CO.

LINKS & BLOGS

www.marcopolo.de/duesseldorf Alles auf einen Blick zu Ihrem Reiseziel: interaktive Karten inklusive Planungsfunktion, Impressionen aus der Community, aktuelle News und Angebote ...

www.bilderbuch-duesseldorf.de Eine Aufnahme der menschenleeren Altstadt bei Sonnenaufgang oder eine Langzeitbelichtung von der Rhein-Kirmes bei Nacht: Diese und Tausende andere Bilder finden Sie auf dem größten Fotoportal Düsseldorfs. Neben aktuellen Fotos sind auch historische Bilder aus allen Stadtteilen eingestellt

www2.duesseldorf.de/touristik Die Rheinuferpromenade, Schloss Benrath, der Medienhafen ... Auf dem Portal der Stadt finden Sie Infos und Bilder zu Düsseldorfs Sehenswürdigkeiten, nach Themen sortierte Vorschläge für Ihren Besuch in der Stadt und aktuelle Veranstaltungstermine

www.tonight.de Die Nachtschwärmer von Düsseldorf treffen sich in Clubs oder online bei *Tonight*. Partyfotos, Ausgehtipps und News aus der Szene finden und posten sie dort. Dazu gibt es Fotos und Videos aus den Tanztempeln der Stadt

www.duesseldorfbilk.de Einblicke in das Alltagsleben gibt es hier vor allem aus den Stadtteilen Bilk und Friedrichstadt. Konzertempfehlungen, Porträts von Düsseldorfern und mehr liefert der Blogbetreiber aus der ganzen Stadt

www.flingern.net Wie der Name es schon verrät, dreht sich der Blog rund um den Szenestadtteil Flingern. Ob es um die neuesten Shoppingadressen, nettesten Cafés oder angesagtesten Clubs geht – Infos und Tipps gibt es hier zu all diesen Themen

www.duesseldorf-community.de Düsseldorfs größte unabhängige Online-Community ist immer auf dem aktuellen Stand. Hier tauschen sich Einwohner und Interessierte über Veranstaltungen, Sport, Musik, Kultur, Kunst, Nachtleben, Partys und die Stadtentwicklung aus

Egal, ob für Ihre Reisevorbereitung oder vor Ort: Diese Adressen bereichern Ihren Urlaub. Da manche sehr lang sind, führt Sie der short.travel-Code direkt auf die beschriebenen Websites. Falls bei der Eingabe der Codes eine Fehlermeldung erscheint, könnte das an Ihren Einstellungen zum anonymen Surfen liegen

short.travel/due3 Informationen über die Stadt mit Erlebnisberichten, Kommentaren und persönlichen Tipps aus der Reisecommunity von Tripwolf

www.youpod.de Düsseldorf zum Mitmachen: Auf diesem Jugendportal stellen junge Einwohner ihre Stadt vor, schreiben über Neuigkeiten, filmen und fotografieren ihren Alltag

www.duesseldorf-blog.de Der unabhängige Blog berichtet nicht nur, worüber in Düsseldorf aktuell diskutiert wird, er liefert auch Servicetipps und Links zu vielen Webcams in der Stadt

VIDEOS & MUSIK

short.travel/due6 Livebilder aus der Innenstadt sowie verschiedene Webcams externer Anbieter

www2.duesseldorf.de/rat/live/ Wer live miterleben möchte, wie in der Landeshauptstadt Politik gemacht wird, kann hier Ratssitzungen als Stream verfolgen. Sitzungstermine und Tagesordnungen werden auf der Homepage der Stadt bekannt gegeben

short.travel/due2 Hop-on-Hop-off-Bus: Wie Touristen die Stadt mit dem Bus besichtigen können, zeigt der Düsseldorfer Sender *Center-TV*

APPS

Düsseldorf Die Stadt bietet kostenlos eine App als Service für Touristen und Geschäftsleute an

Messe Düsseldorf Die kostenfreie App der Messe für Smartphones und Tablets beinhaltet einen interaktiven Geländeplan, Messe-News sowie eine Aussteller- und Veranstaltungssuche

Guloka „Gutes Lokal Kaufen" – Diese kostenlose App liefert originelle Geschenkideen und führt Sie per Navigation zu kleinen, individuellen Geschäften in der Umgebung

Düsseldorf Rhine Tower Clock Die größte Dezimaluhr der Welt am Düsseldorfer Rheinturm gibt es auch als kostenlose App

PRAKTISCHE HINWEISE

ANREISE

Düsseldorf liegt in dem Gebiet mit der höchsten Autobahndichte Deutschlands; Sie erreichen die Stadt z. B. über die A 46, A 52 und A 57. Die Innenstadt ist Umweltzone. Sie benötigen dort eine Feinstaubplakette für Ihr Auto *(www.duesseldorf.de/kfz)*.

Die Stadt ist günstig ins Intercitynetz integriert. Der Bahnhof hat zwei Ausgänge; wenn Sie Richtung City möchten, wenden Sie sich zum Ausgang Konrad-Adenauer-Platz. Vor dem Gebäude halten viele Straßenbahn- und Buslinien. Im Innern können Sie direkt in die U-Bahnen Richtung Innenstadt/Messe einsteigen: Alle diese Linien fahren über die Station Heinrich-Heine-Allee, die zentrale Haltestelle zwischen Altstadt und Kö.

Eine günstige Alternative zur Bahn sind Fernbusse: Vom *ZOB (Worringer Str. 140)* (117 F5) *(Ⓜ G9)* direkt am Hauptbahnhof steuern verschiedene Anbieter mehrmals täglich Städte in ganz Deutschland an. *www.fernbusse.de*

Düsseldorf hat den drittgrößten deutschen Flughafen, vom Charteraufkommen her sogar den größten. Er liegt im Norden der Stadt, sehr günstig zur Messe. Während der großen Messen verkehrt halb- bis viertelstündlich ein Bus zwischen Flugsteig A und den verschiedenen Eingängen, bis zum am weitesten entfernten braucht er ca. 15 Minuten. Auch die City ist gut zu erreichen: Die S-Bahn S11 fährt direkt im Flughafengebäude ab. Zudem fährt der Bus 721 zum Hauptbahnhof, der Bus 896 zur Messe. Ein Taxi benötigt ca. 15 Minuten in die Innenstadt.

GRÜN & FAIR REISEN

Auf Reisen können auch Sie viel bewirken. Behalten Sie nicht nur die CO_2-Bilanz für Hin- und Rückreise im Hinterkopf *(www.atmosfair.de; de.myclimate.org)* – etwa indem Sie Ihre Route umweltgerecht planen *(www.routerank.com)* – , sondern achten Sie auch Natur und Kultur im Reiseland *(www.gate-tourismus.de; www.ecotrans.de)*. Gerade als Tourist ist es wichtig, auf Aspekte wie Naturschutz *(www.nabu.de; www.wwf.de)*, regionale Produkte, wenig Autofahren, Wassersparen und vieles mehr zu achten. Wenn Sie mehr über ökologischen Tourismus erfahren wollen: europaweit *www.oete.de*; weltweit *www.germanwatch.org*

AUSKUNFT

Bei der *Tourist-Information am Hauptbahnhof* (117 F5) *(Ⓜ F10) (Mo–Fr 9.30–19, Sa 9.30–17 Uhr | Immermannstr. 65b | Tel. 0211 17 20 28 44)* erhalten Sie Informationen zu Veranstaltungen sowie die *Düsseldorfcard* (s. S. 111) und hier gibt es auch den *Zimmernachweis*.

Die *Pannenhilfe des ADAC (Tel. 01802 22 22 22 (*))* erreichen Sie rund um die Uhr. Geschäftsstelle: *Höherweg 101 (Informationstel. 01805 10 11 12 (*))*

Deutsche Bahn: Reiseauskunft, Buchung und Reservierung unter *www.bahn.de*, Fahrplanauskunft: *Tel. 0800 150 70 90* (gebührenfrei); Flughafenauskunft: *Tel. 0211 42 10*

CARSHARING

Über *car2go (www.car2go.com)* und *DriveNow (de.drive-now.com)* lässt sich vor Ort kurzfristig ein Auto mieten. Es kann im ganzen Stadtgebiet abgestellt werden. Bei der Anmeldung fallen Gebühren an, danach Mietkosten pro Fahrt.

DÜSSELDORFCARD

Mit der Düsseldorfcard können Besucher nicht nur alle öffentlichen Verkehrsmittel im Stadtgebiet frei nutzen, sondern erhalten auch ermäßigten oder freien Eintritt in viele Museen, Theater und andere Veranstaltungsorte. Die Karte ist 24, 48 bzw. 72 Stunden gültig, kostet 9, 14 bzw. 19 Euro und ist in allen Touristinformationen der Stadt erhältlich. Sie können sie aber auch versandkostenfrei unter *www.duesseldorf-tourismus.de* bestellen.

FAHRRAD

Infos zu Radtouren und zur Radmitnahme in Bus und Bahn finden Sie auf der Homepage der Stadt: *short.travel/due4*. Ihr Fahrrad können Sie am Hauptbahnhof parken. In der *Radstation* (126 A1) (*G10*) *(Mo–Fr 7–21, Sa/So 10–20 Uhr | Willi-Becker-Allee 8a | www.radstation-duesseldorf.de)* wird es bewacht, gepflegt und gewartet.

Sie können aber auch ein Fahrrad mieten. Rund um die Uhr stehen 400 Räder von *nextbike (Tel. 030 69 20 50 46 | www.nextbike.de)* an 45 Stationen in der Stadt bereit. Zum Ausleihen die Hotline anrufen und mit dem mitgeteilten Code das Zahlenschloss öffnen. Zum Abstellen das Rad an einer Station abschließen, Hotline anrufen und Station nennen.

In Bussen und Bahnen der Rheinbahn sowie in S-Bahnen ist die Fahrradmitnahme uneingeschränkt möglich. Sie richtet sich nach den verfügbaren Kapazitäten – also den Berufsverkehr besser meiden.

Wer nicht selbst radeln, kurze Strecken aber trotzdem umweltfreundlich zurücklegen möchte, steigt in eine Rikscha. Die Fahrer warten in der Innenstadt, vor allem an der Rheinuferpromenade. *Tel. 0211 87 63 80 91 | www.die-gruene-flotte.de; Tel. 0177 2 35 37 86 | www.duesselrikscha.de; Tel. 0177 2 35 37 86 | www.triumvirad.de; Tel. 0176 50 43 17 67*

WAS KOSTET WIE VIEL?

Kaffee	**2,50 Euro** *für eine Tasse*
Altbier	**1,90 Euro** *für ein Glas (0,2 l)*
Halve Hahn	**3,85 Euro** *für eine Portion*
Souvenir	**5,40 Euro** *für einen Schokoladen-Radschläger*
Bus/Bahn	**1,60 Euro** *pro Kurzstreckenfahrt*
Taxi	**4,50/2,20 Euro** *Grundgebühr/Kilometerpreis*

KARTENVORVERKAUF

– *Kartenservice Hardt* (119 D4) (*C4*) *(Am Hain 2 | Tel. 0211 43 35 58)*

– Konzertkasse der Mitsubishi-Electric-Halle **(126 B2)** *(H12) (Siegburger Str. 15 | Tel. 0211 8 99 77 33 | www.mitsubishi-electric-halle.de)*
– Konzert-Theater-Kontor Heinersdorff **(116 C3)** *(E9) (Heinrich-Heine-Allee 24 | Tel. 0211 13 53 70 | www.heinersdorff-konzerte.de)*
– Tourist-Information am Hauptbahnhof **(117 F5)** *(F10) (Immermannstr. 65b | Tel. 0211 17 20 20)*

NOTRUFE

Feuerwehr: Tel. 112; Polizei: Tel. 110; Ärztlicher Notdienst: Tel. 0211 9 86 75 55

ÖFFENTLICHE VERKEHRSMITTEL

Die Düsseldorfer Rheinische Bahngesellschaft, kurz Rheinbahn genannt, gehört zum Verkehrsverbund Rhein-Ruhr *(www.vrr.de)*. Sie können mit hier gelösten Fahrscheinen also auch bestimmte Züge der Deutschen Bahn sowie die öffentlichen Verkehrsmittel der anderen Städte im Rhein-Ruhr-Gebiet nutzen.
Die meisten innerstädtischen Linien verkehren von 5 bis 24 Uhr im Zehn-Minuten-Takt. Spätnachts gibt es Nachtbummlerangebote. Freitags und samstags fahren die wichtigsten Linien fast durchgängig. An den Haltestellen sowie in den Straßen- und U-Bahnen befinden sich in der Regel Fahrkartenautomaten. In der Bahn oder im Bus müssen Sie Ihr Ticket in den orangefarbenen Kästen abstempeln, bei der Fahrt mit der S-Bahn oder einem Regionalzug ist es am Zugang zum Bahnsteig abzustempeln. Tickets gibt es auch an vielen Kiosken oder in Schreibwarenläden. Einzelkarten kosten je nach Geltungsbereich ab 1,60 Euro, Tageskarten für eine Person ab 6,70 Euro, 4er-Tickets beginnen bei 5,90 Euro. Über weitere Tarife und Angebote informieren Sie sich am besten bei der *Rheinbahn (Tel. 01803*

WETTER IN DÜSSELDORF

	Jan.	Feb.	März	April	Mai	Juni	Juli	Aug.	Sept.	Okt.	Nov.	Dez.
Tagestemperaturen in °C	4	5	10	15	19	22	24	23	20	15	9	5
Nachttemperaturen in °C	-1	-1	2	5	8	11	13	13	10	6	3	1
☀	1	2	4	6	7	6	6	5	5	3	2	1
☂	13	12	9	9	10	10	12	13	11	11	12	13

50 40 30 (*) | www.rheinbahn.de). Praktisch: Die *Rheinbahn App* meldet in Echtzeit alle Störungen und Verspätungen. Auch der Ticketkauf per App ist möglich. Weitere Informationen in den Kundencentern, z. B. am *U-Bahnhof an der Heinrich-Heine-Allee* (116 C4) (*E9*) *(Mo–Fr 7.30–19, Sa 9–14 Uhr)*.

POST

Das *Postamt am Konrad-Adenauer-Platz* (117 F5) (*F10*) ist *Mo–Fr 8.30–19.30 und Sa 9–14 Uhr* geöffnet.

STADTRUNDFAHRTEN, -RUNDGÄNGE UND SCHIFFSTOUREN

Der *Verkehrsverein/Düsseldorf Marketing und Tourismus GmbH (Tel. 0211 17 20 20 | www.duesseldorf-tourismus.de)* bietet täglich Stadtrundfahrten und Rheinschifffahrten *(Dauer ca. 2,5 Std.)* unter sachkundiger Führung. Für individuelle Besichtigungen eignen sich die *Hop-on-Hop-off-Touren*: Ein roter Doppeldeckerbus fährt durch die Stadt und steuert acht Haltestellen und Sehenswürdigkeiten an. Mit einem Tagesticket (15 Euro) können Sie ein- und aussteigen, wo Sie wollen.

Wer die Stadt auf eigene Faust erkunden möchte, sollte die mobile Website der Tourismus-GmbH besuchen: *m.duesseldorf-tourismus.de*. Dort gibt es einen interaktiven Stadtplan, der Sehenswürdigkeiten in der Umgebung findet und sie in die Live-Kamerabilder integriert.

In Düsseldorf spielt die Kunst eine große Rolle. Kein Wunder also, dass hier ein spezieller *Kunst Service (Tel. 0211 6 79 96 95 | www.kunst-service.com)* zu außergewöhnlichen Führungen rund um Architektur und Kunst einlädt. Die Touren führen z. B. durch den Medienhafen, zu Baudenkmälern und Skulpturen oder in die Altstadt. Außerdem werden Rundgänge durch aktuelle Ausstellungen und interaktive Such- oder Kriminalspiele angeboten.

Die Mitarbeiter des *Vereins Düsseldorfer Stadtführer (Tel. 0177 4 28 35 48 | www.duesseldorfer-stadtfuehrer.de)* bieten ungewöhnliche Touren und erzählen ihren Zuhörern Geschichten, die sonst leicht vergessen werden. Neben klassischen Rundgängen sind auch ein Kinderprogramm, Kostümführungen und Radtouren dabei. Besonders sportlich wird's beim INSIDER TIPP Sightrunning: Mit professioneller Laufbegleitung erkundet man joggend die Stadt.

Die Schiffsausflugslinie *Weisse Flotte (Termine unter www.w-flotte.de)* verkehrt zwischen Landtag/Rheinturm und Kaiserswerth. Auskunft an der *Anlegestelle Rathausufer-Pegeluhr* (116 B4) (*D9*) *(Tel. 0211 32 61 24)*, wo Sie auch Infos zum vielfältigen Programm erhalten.

Die *Rheinbahn (Tel. 0211 5 82 29 52 | www.rheinbahn.de)* fährt mit historischen Bahnen und Bussen durch die Stadtteile. Die Themen der Fahrten sind z. B. Comedy, Krimi oder Senf.

TAXI

Tel. 0211 3 33 33 oder *Tel. 0211 9 99 99* oder *Tel. 0211 21 21 21*

WLAN

Düsseldorf ist nahezu flächendeckend mit WLAN-Hotspots ausgestattet. Verschiedene Betreiber, u.a Unitymedia und Wall AG, bieten mobiles Internet zum Nulltarif. Nach einmaliger Registrierung kann sich jeder in Reichweite eines Hotspots mit dem WLAN-Netz verbinden. Informationen und Registrierung auf den Internetseiten der Anbieter.

CITYATLAS

Verlauf der Erlebnistour „Perfekt im Überblick"
Verlauf der Erlebnistouren

Der Gesamtverlauf aller Touren ist auch in der herausnehmbaren Faltkarte eingetragen

 Bild: Altstadt, Nachtleben in der Flinger Straße

Unterwegs in Düsseldorf

Die Seiteneinteilung für den Cityatlas finden Sie auf dem hinteren Umschlag dieses Reiseführers

A
B
C
121
200 m
219 yd
Tennispl.
Kaiser-Friedrich-Rg.
Luegpl.
Lueg-pl.
Oberkasseler Brücke
U70,U74,U75,U76,U77
1=Emilie-Schneider-Platz
2=Kay-und-Lore-Lorentz-Platz
3=Mutter-Ey-Straße
4=Heinrich-Heine-Platz
5=Stadtbrückchen
6=Pastor-Jääsch-Weg
7=Emma-Horion-Weg
8=Am Dominikanerkloster
Kaiser-Wilhelm-Ring
Fest-wiese
Rhein
Altstadt
Carl-stadt
8=Thomasstr.
Rheinpark Bilk
Rheinkniebrücke
Tonhallen-Ufer
Ufer
Beuys-
Tonhalle
E.ON-kunst palast
mus. Pl.
Ehren-hof
Russische Föderation
Scheiben-
Ehren-hof
Inselstr.
Standes-amt
NRW-Forum Kultur u. Wirtschaft
Oederallee
Tonhalle/ Ehrenhof
H. Hentrich-Pl.
Hofgartenrampe
SB50
Fritz-Roeber-Str.
Staatl. Kunst-Akd.
Eiskellerstr.
Grund-sch.
Hilarius-Gilges-Platz
Kreuz-herrenk.
Ratinger Str.
Ritter-
Schloßufer
werft
St.Lambertus
Altestadt
Anlege-stellen
schifffahrts-mus.
Schlossturm
Burg-pl.
Mühlen-str.
Lambertusstr.
Andreasstr.
Mutter-Ey-Pl.
Grabbe-pl.
Kunsthalle Düssel-dorf
Kunstsamml. NRW K20
Stadths.
Mahn-u.Gedenkst.
Andreasstr.
Kurze Str.
Neander-K.
Kiga
Rat-haus
Markt-pl.
Bolker-str.
Bolker-pass.
Flinger Passage
Zollstr.
Verw.
Pegeluhr
Rheinuferprom.
Rheinufertunnel
Rhein-str.
Flinger Str.
Alte Berger K.
W.-Marx-Hs.
Grabenstr.
Stadtbr.
Äthio-pien
Kanada
Film-u. Deutsch. Keram.-mus.
Wall-
Mittelstr.
Mus. Sch.
Kiga
Max-Sch.
St. Maximilian
Max-pl.
Carls-pl.
Benrather Str.
Soz.-a. Verw.-geb.
Heine-Allee
Kasernenstraße
Breite Straße
Citadellstr.
Backerstr.
Orangerie-str.
A.M. L.-Medici-Pl.
Palais Witt-genstein
H.-Heine-Inst.
L.-Inst.
Benrather Str.
Luisen-gymn.
Stadtmus. Düsseldf.
Spee's graben
Bastion-straße
Poststraße
Bilker Str.
Hohe Str.
Verw-ger.
Uru-guay
Mannesmannufer
Berger Allee
Carlstor
Min. f. Fam., Kind., Jug., Kult. u. Sport
Süd-str.
Frankreich
Schwanen-markt
S.-Klein-Str.
Carl-Theod.-Str.
Heinedenk.
Ausgleichs-amt
J.-Rau-Platz
Staatskanzlei
Min.
Horion-Pl.
Landtag NRW
Pl. d. Landtags
Apollo-Platz
Haupt-zolla.
Rheinturm
Bürger-park
Haroldstraße
Graf-Adolf-Str.
Schwanen-spiegel
Graf-Adolf-Pl.
Innen-min.
Kavallerie-str.
Wasserstr.
Mauritius
Min.
Philippinen
Kaiser-teich
Ständehs.
Ständehausstr.
Kunstsamml. NRW K21
Elisabethstr.
Däne-mark
Friedrichstr.
Hubertusstr.
Moselstr.
Neuss. Str.
Polizei-präsidium
Min.f.Stadt-entw.,Woh-nen u.Verk
125
Port

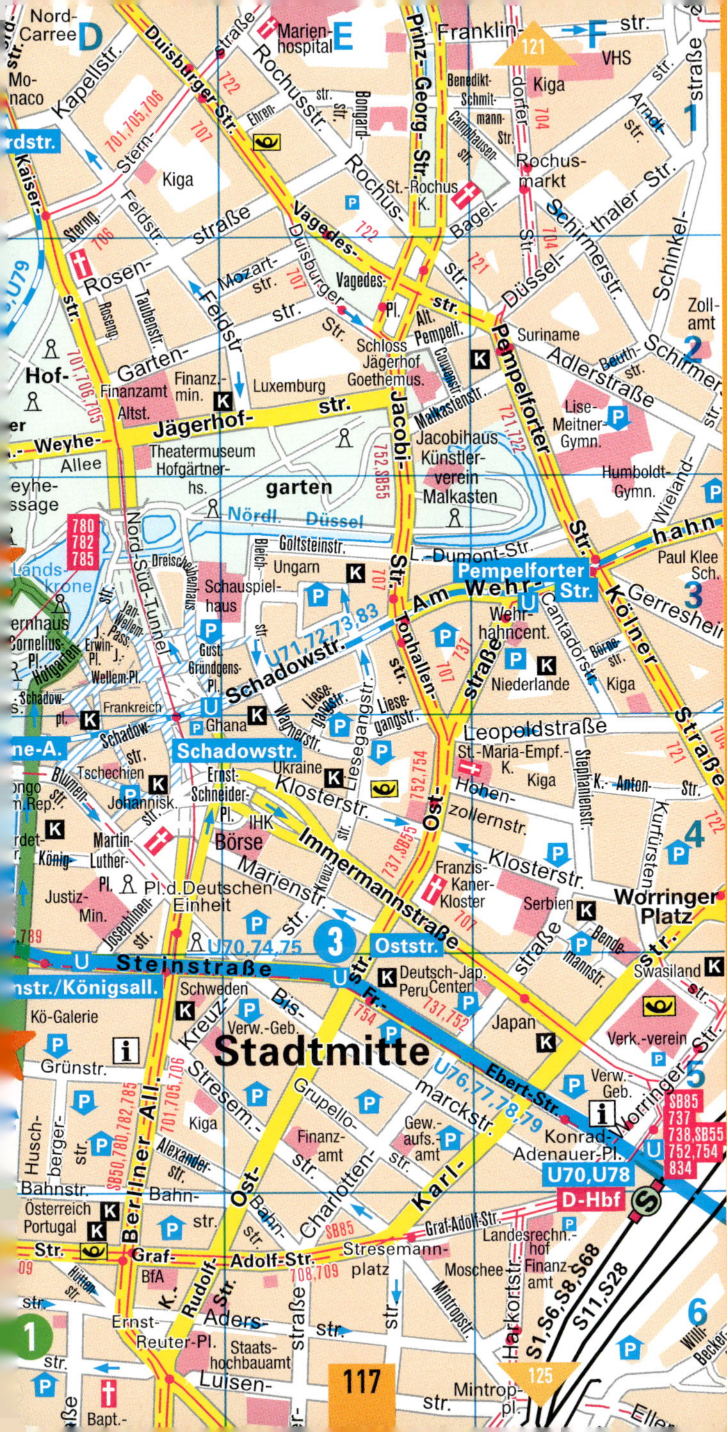
Nord-Carree
D
E
F
121
Marien-hospital
Franklin-str.
VHS
Kapellstr.
Duisburger Str.
Rochusstr.
Prinz-Georg-Str.
Benedikt-Schmit-mann-Str.
Camphausen-str.
Kiga
Arndtstr.
Monaco
Sternstr.
Bongard-str.
Rochus-markt
Kaiser-str.
Kiga
Rochus-
St.-Rochus K.
Schirmerstr.
Schinkel-str.
Feldstr.
Rosen-straße
Vagedes-str.
Bagel-str.
Düssel-thaler Str.
Sterng.
Mozart-str.
Vagedes-Pl.
Zoll-amt
Rosen-str.
Taubenstr.
Duisburger Str.
Alt. Pempelf.
Suriname
Hof-garten
Garten-str.
Schloss Jägerhof Goethemus.
Adlerstraße
Beuth-str.
Schirmer-str.
Finanzamt Altst.
Finanz.-min.
Luxemburg
Pempelforter Str.
Jacobi-str.
Coupestr.
Malkastenstr.
Lise-Meitner-Gymn.
Jägerhof-str.
Weyhe-Allee
Theatermuseum Hofgärtner-hs.
Jacobihaus Künstler-verein Malkasten
Humboldt-Gymn.
Wieland-str.
Weyhe-passage
garten
Nördl. Düssel
780 782 785
Nord-Süd-Tunnel
Goltsteinstr.
Bleich-str.
L.-Dumont-Str.
Landskrone
Dreischeibenhaus
Ungarn
Pempelforter Str.
Paul Klee Sch.
Gerresheimer
Schauspiel-haus
Am Wehrhahn
Wehrhahncent.
Cantadorstr.
Opernhaus Cornelius-Pl.
Jan-Wellem-Pass.
J.-Erwin-Pl.
Gust.-Gründgens-Pl.
U71,72,73,83
Schadowstr.
Tonhallen-straße
Börne-str.
Niederlande
Kiga
Kölner Straße
Hofgarten
Wellem-Pl.
Liese-gangstr.
Schadow-pl.
Frankreich
Ghana
Wagnerstr.
Liesegangstr.
Leopoldstraße
Schadow-str.
Schadowstr.
St.-Maria-Empf.-K.
Kiga
Stephanienstr.
K.-Anton-Str.
Tschechien
Ukraine
Ernst-Schneider-Pl.
Klosterstr.
Hohen-zollernstr.
Kurfürsten-str.
Blumen-str.
Johannisk.
Ost-str.
Martin-Luther-Pl.
Börse
IHK
Immermannstraße
Klosterstr.
Königsallee
Kreuzstr.
Franzis-kaner-Kloster
Serbien
Worringer Platz
Justiz-Min.
Pl.d.Deutschen Einheit
Marienstr.
Josephinen-str.
Bende-mannstr.
U70,74,75
3
Oststr.
Swasiland
Steinstraße
Deutsch-Jap. Center
Peru
Steinstr./Königsall.
Schweden
Bis-marckstr.
Japan
Kö-Galerie
Verw.-Geb.
Stadtmitte
Verk.-verein
Worringer Str.
Grünstr.
Kreuz-str.
Stresem.-str.
Grupello-str.
U76,77,78,79
Ebert-Str.
Verw.-Geb.
SB85 737 738,SB55 752,754 834
Kiga
Finanz-amt
Gew.-aufs.-amt
Konrad-Adenauer-Pl.
Husch-berger-str.
Alexander-str.
Charlotten-str.
Karl-str.
U70,U78
Bahnstr.
Bahn-str.
Ost-str.
D-Hbf
Österreich
Portugal
Berliner All.
Graf-Adolf-Str.
Landesrechn.-hof
Graf-Adolf-Str.
Stresemann-platz
Moschee
Finanz-amt
BfA
Hütten-str.
Mintropstr.
Harkortstr.
Rudolf-Str.
Aders-str.
S1,S6,S8,S68
S11,S28
6
Ernst-Reuter-Pl.
Staats-hochbauamt
Luisen-str.
Mintrop-pl.
125
Willi-Becker-
Bapt.-
Ellerstr.
1
2
3
4
5
6

A
B
C
1
2
3
4
5
6
Lohausen
Stockum
Lörick
Golzheim
Rhein
300 m
329 yd
Nagelshof
Reitanlage
Leuchtenberg
Bergerhof
Nagelsweg
Pallenbergstr.
Im Lohauser Feld
Friedhof
Kapelle
Lantzallee
Gem.-zentr. Jonask.
Kinderg.
Danziger Straße
Lantz'scher Park
Heiligenweg
AS D.-Messe/Arena
Kleingärten
Stadionweg
Stadtgärtnerei
Stockumer Höfe
Caravan-Center
Nord
Baumschule
Tennisplätze
Sportpark Nord Europaplatz
Rheinbad
Sportamt
Europa-pl.
ESPRIT-Arena Düsseldorf
ESPRIT arena Messe Nord
Wasserwerk
Am Staad
Lohäuser Deich
Messegelände
Eingang Nord
Messe-Center
Rheinhalle
Stadthalle
CCD.Süd Congress-Center Düsseldorf
CCD.Ost Congress-Center Düsseldorf
Eingang Ost
Eingang Süd
Messe-Einfahrt
Rotterdamer Straße
Japanischer Garten
Anlegestelle Messe/Nordpark
Anlegestelle Mönchenwerth
Mönchenwerth
Kläranlage Lörick
Sporthafen
DLRG
Niederkasseler Deich
Erholungsstätte Lörick
Strandbad Lörick
Wasserwerk Lörick
3=Richard-Oskar-Mattern-Straße
Oberlöricker Straße
Löricker Straße
Lütticher Str.
Seniorenstift
1 = J.-Wilden-Str.
2 = L.-Hensel-Str.
3 = Kriegestr.
4 = Otto-zur-Linde-Str.
5 = Röttgerstr.
29
30
44
8
U78
U79
120

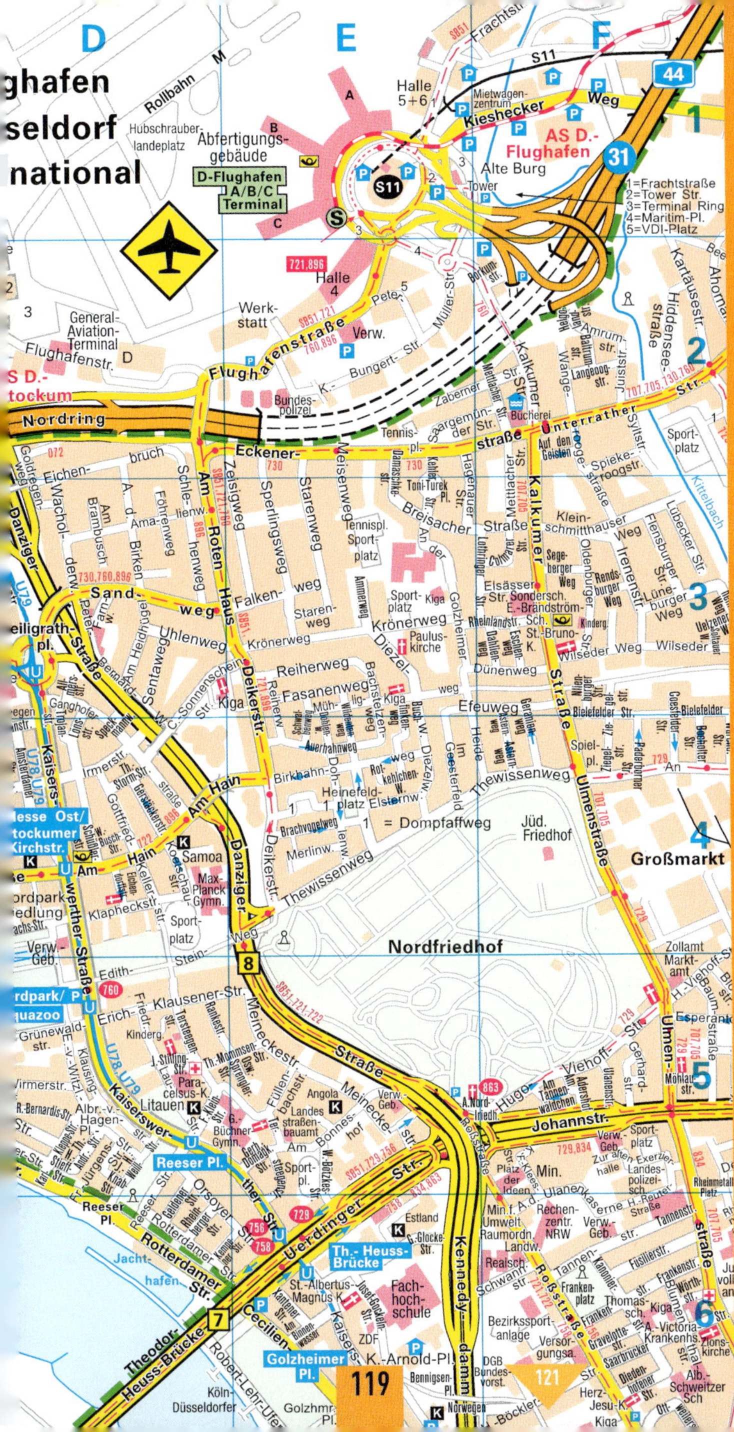
D
E
F
Flughafen Düsseldorf International
Rollbahn M
Hubschrauberlandeplatz
Abfertigungsgebäude
D-Flughafen A/B/C Terminal
Halle 5+6
Mietwagenzentrum
Kieshecker Weg
S11
44
1
AS D.-Flughafen
31
Alte Burg
Tower
1=Frachtstraße
2=Tower Str.
3=Terminal Ring
4=Maritim-Pl.
5=VDI-Platz
Halle 4
Werkstatt
General-Aviation-Terminal
Flughafenstr.
Flughafenstraße
Verw.
Peter-
Müller-Str.
Bungert-Str.
Bundespolizei
Nordring
AS D.-Stockum
Zaberner Str.
Saargemünder Str.
Mettlacher Str.
Kalkumer Str.
Bücherei
Unterrather Str.
Amrumstr.
Hiddenseestraße
Kartäusestr.
Juiststr.
Sylterstr.
2
Sportplatz
Kittelbach
Eckenerstraße
Tennispl.
Toni-Turek Pl.
Hagenauer Str.
Breisacher Straße
Kleinschmitthauser Weg
Spiekeroogstraße
Lübecker Str.
Flensburger Str.
Lüneburger Weg
Irenenstr.
Oldenburger Str.
Segeberger Weg
Rendsburger Weg
3
Eichenbruch
Wacholderw.
Am Brambusch
A. d. Birken
Amalienw.
Föhrenweg
Schlehenweg
Am Roten Haus
Zeisigweg
Sperlingsweg
Starenweg
Meisenweg
Tennispl.
Sportplatz
Sandweg
Falkenweg
Starenweg
Ammerweg
Sportplatz
Kiga
Krönerweg
Pauluskirche
Golzheimer Str.
Elsässer Str.
Sondersch.
E.-Brändström-Sch.
St.-Bruno-K.
Kinderg.
Wilseder Weg
Danziger Straße
Freiligrath-pl.
Uhlenweg
Sentaweg
Reiherweg
Fasanenweg
Bachstelzenweg
Dieselweg
Dünenweg
Efeuweg
Bielefelder Str.
Kaiserswerther Straße
U78 U79
Irmerstr.
Storm-Str.
Am Hain
Birkhahnweg
Auerhahnweg
Heinefeldplatz
Elsternw.
Im Grütt
Thewissenweg
Spielpl.
Paderborner Str.
1 = Dompfaffweg
Messe Ost/Stockumer Kirchstr.
Samoa
Brachvogelweg
Merlinw.
Jüd. Friedhof
4
Großmarkt
Max-Planck Gymn.
Nordpark Siedlung
Klapheckstr.
Sportplatz
Deikerstr.
Thewissenweg
Ulmenstraße
Verw.-Geb.
Nordfriedhof
Zollamt
Marktamt
8
Edith-Stein-Weg
Nordpark/Aquazoo
Erich-Klausener-Str.
Meineckestr.
Straße
Grünewald-str.
Kinderg.
Paracelsus-K.
Litauen
Angola
Landesstraßenbauamt
Verw.-Geb.
Hugo-Viehoff-Str.
Esperanto
Ulmenstr.
5
Johannstr.
Verw.-Geb.
Sportplatz
Zur alten Exerzierhalle
Landespolizeisch.
Reeser Pl.
Orsoyer Str.
Am Sportpl.
Uerdinger Str.
Estland
Kennedydamm
Roßstraße
Platz der Ideen
Min.
Ulanenkaserne
Min.f. Umwelt Raumordn. Landw.
Rechenzentr. NRW
Reeser Pl.
Rotterdamer Str.
Jachthafen
Th.-Heuss Brücke
St.-Albertus-Magnus K.
Fachhochschule
Realsch.
Frankenplatz
Tannenstr.
Kiga
A.-Victoria-Krankenhs.
6
7
Theodor-Heuss-Brücke
Cecilienallee
Kaiserstr.
ZDF
Golzheimer Pl.
K.-Arnold-Pl.
Bezirkssportanlage
Versorgungsa.
DGB Bundesvorst.
Robert-Lehr-Ufer
Köln-Düsseldorfer
Norwegen
121

118

A
B
C
1
2
3
4
5
6
300 m
329 yd
Sport-hafen
DLRG
Rhein
Golzheim
Rotterdamer Str.
Leo-Statz-Str.
Hoepner-Str.
Reeser Pl.
Jacht-hafen
Erholungsstätte Lörick
Strandbad Lörick
Niederkasseler Deich
Am Pappelwäldchen
Lörick
3=Richard-Oskar-Mattern-Straße
Wasserwerk Lörick
Tennisplätze
Sport-pl.
Lütticher Straße
Lotharstr.
Osterather Str.
Lobbericher Str.
Hinsbecker Str.
Sonsbecker Str.
Weezer Str.
Walbecker Str.
Kalkarer Str.
Theodor-Heuss-Brücke
Niederka
Wevelinghover Str.
Wickrather Straße
Sport-pl.
Hockey- u. Tennish.
Hockeyplatz
Sportplätze
Tennis-pl.
Kiga
1 = Gocher Str.
2 = Philippus-Platz
Kinderg.
Am Seestern
Lohweg
Finnland
Niederkasseler Str.
Brüsseler Str.
Euskirchener Str.
Wegberger Str.
Am Seestern
U77
Amboß-platz
Christus-König-K.
Kinder-g.
Lerchenstraße
Hs. d. Jap. Kultur
Jap. Kinderg.
Kirchweg
Cecilien-gymn.
Realsch.
Beim Dorf
Kaiser-Friedr.-Ring
Kanalstr.
Kinderg.
St.-Anna-Kirche
Prinzenallee
Hansaallee
2 = Ferdinand-Braun-Platz
Heerdter Sandberg
Jap. Inter. Schule
Lewitstr.
Bezirks-sportanlage
Peter-Roos-Str.
Schorlemerstr.
Johannsenstr.
Askanierstr.
Leostr.
VHS
Bauprojekt "Parkside"
Park
Verw.-gebäude
Comenius-Gymn.
Hallenbad
Rheinbahnhaus
China
Schanzenstr.
Greifweg
Pariser Str.
Bezirks-sportanl.
Rheinallee
Drususstraße
Columbusstr.
Düsseldorfer Straße
Belsenpl.
Belsenstr.
Luegplatz
Barbarossapl.
Luegallee
Cheruskerstr.
Arnulfstraße
Sonderburgstr.
Oberkasseler Str.
Comeniusstr.
Quirinstr.
Mönchenwerther Str.
Feldmühle-platz
Don-Bosco-Sch.
Friedr.-v.-Bodelsch.-Sch.
Drakepl.
Wildenbruchstr.
Kindergarten
Cimbernstr.
Oberkassel
Rheinalleetunnel
Golfplatz
1 = Friesenstraße
2 = Dechant-König-Weg
3 = Adalbertstraße
4 = Werner-Pfingst-Platz
Auf der Lausward
Stadtwerke
Kraftwerk Lausward
Hafenb. Lausward I
Hafenbecken Lausward II
Container-terminal
Bremer Straße
Feuerlösch-bootstation
Weser-münder Str.
Städt. Häfen
Plange Mühle
Rheinpark Bilk
Parlamentsufer

124

D
E
F
119
121
125
1
2
3
4
5
6
Derendorf
Pempelfort
Altstadt
Carlstadt
Stadtmitte
Rhein
Johann-Str.
Heinrich-Ehrhardt-Straße
Uerdinger Str.
Th.-Heuss-Brücke
Kennedydamm
Cecilienallee
Golzheimer Pl.
Robert-Lehr-Ufer
Rheinallee
Sporthafen
Kennedydamm
Fachhochschule
K.-Arnold-Pl.
Roßstraße
Ulmenstraße
Spichernplatz
Münsterstraße
Jülicher Str.
Klever Str.
Victoriaplatz/Klever Str.
Oberlandesgericht
Anlegest. Rheinterrassen
Rheinterr.
Fischerstraße
Venloer Str.
Nordstr.
Duisburger Str.
Kaiserstr.
Tonhalle/Ehrenhof
Oberkasseler Brücke
U70,U74,U75,U76,U77
Hofgarten
Jägerhof-str.
Ratinger Tor
Maxim-Weyhe-Allee
Heinrich-Heine-Allee
H.-Heine-A.
Königsallee
Steinstraße
Steinstr./Königs-allee
Oststr.
Immermannstraße
Berliner Allee
Graf-Adolf-Str.
Haroldstraße
Schwanenspiegel
Spee's graben
J.-Rau-Platz
Staatskanzlei
Landtag NRW
Konrad-Adenauer-Platz
Stresemannpl.
Pempelforter Str.
Jacobistr.
Schadowstr.
Am Wehrhahn
Kölner Str.
Leopoldstraße
Klosterstr.
Börse
Marienstr.
Bismarckstr.
Charlottenstr.
Karlstr.
Ernst-Reuter-Pl.
Malkasten
Theatermuseum
Schauspielhaus
Schlossturm
Burgpl.
Rathaus
Markt
Bolkerstr.
Flinger Str.
Grabenstr.
Benrather Str.
Kasernenstraße
Breite Straße
Poststraße
Bilker Str.
Hohe Str.
Bastionstr.
Carlspl.
Max-Pl.
Rochusmarkt
Marienhospital
Stockkampstr.
Franklinstraße
Lennéstr.
Augustastr.
Liebigstr.
Jordanstr.
Sternstr.
Feldstr.
Rosenstr.
Gartenstr.
Nord-Carree
Paul-Spiegel-Pl.
Stadt Landesa.
Finanzamt
Synagoge
Rolandstraße
Bankstr.
Zietenstr.
Seydlitzstr.
Schwerinstr.
Römerstr.
Golzheimer Str.
Glockenstr.
Derendorfer Allee
Prof.-Neyses-Pl.
Rather Str.
Spichernstraße
Geistenstr.
Kreuzkirche
Stadtbad
Moltkestr.
Eulerstraße
Prinz-Georg-Str.
Annastraße
Schloßstraße
Luxemburg
Japan
Suriname
Thailand
Marokko
Spanien
Türkei
Norwegen
S1, S6, S8, S68
S11, S28

A
B
C
1
2
3
4
5
6
Mörsenbroich
Schlieffenstr.
Grashof-
Mercedes-str.
Prof.-Neyses-Pl.
Heinrichstr.
U71
Münsterstraße
D-Derendf.
Lacombletstr.
Mulvanystraße
Bezirkssportanlage
Hs. d. Jugend
Brehmstraße
Hansaplatz
Sybelstraße
Ostendorfstr.
Heinrichstraße
St.-Franziskus-Straße
Mörsenbroicher
Gerhart-Hauptmann-
Thomask. Kinderg.
Gartenstadt Reizenstein
Kindergarten
Kleingärten
Heinr.-Heine-Gesamtschule
Groß-britannien
Jülicher Straße
St.-Vinzenz-Krkhs.
Jordanstr.
Grunerstraße
Gruner-str.
Tennispl.
Zoopark
Eisstadion
Hallbergstr.
Aufbau-u.Abend-Realschule
Korea
Madagaskar
Lennéstr.
Tußmannstraße
Toulouser Allee
Ahnfeldstr.
Maurice-Ravel-Park
Augustastr.
Carl-Mosterts-Pl.
Liebigstr.
Brehmpl.
Brehmplatz
Lindemannstraße
Faunastraße
Max-Planck-Str.
Max-Planck-Inst.
VDE
Düsseltal
Franklinstraße
Franklinbrücke
D-Zoo
Rethelstraße
Schillerpl.
Pauluspl.
Berty-Albrecht-Park
Rochusmarkt
Schirmerstr.
Schinkelstr.
Humboldtstr.
Uhlandstr.
Goethestr.
Guatemala
Goethe-gymn.
Lindemannstr.
Haniel-Park
Grafenberger Allee
Grafenstr.
Engerstr.
Cranachstraße
Luisenkrkhs.
Lindenpl.
Senegal
Suriname
Adlerstraße
Zollamt
Louis-Pasteur-Platz
Ungarn
Pempelforter Str.
D-Wehrhahn
Wehrhahn
Lindenstr.
Ackerstraße
Hermannpl.
Platanenstraße
Birkenstraße
Dorotheenpl.
Dorotheenstr.
Fortunastr.
Flingern
S8,S68
S28
D-Flingern
Gerresheimer Straße
Kölner Straße
Worringer Platz
Worringer Str.
St. Elisabeth-Kirche
Drogenhilfezentr.
Capitol Tanzhaus
Erkrather Str.
Behrenstraße
Stadtbad Düsselstrand
Flingern Süd
Stadtwerke Düsseldorf
Höherweg
Japan
UFA Filmpalast
Karlstr.
Konr.-Adenauer-Platz
U70,U78
Hbf.
Studieninstitut
IHZ-Park
Autohof
Handelszentr./Moskauer Str.
Kettwiger Str.
Kettwiger Str.
Werdener Straße
Erkrather Str.
Straßenverkehrsamt Bürgerbüro
Griechenland
USA
Velberter Str.
126

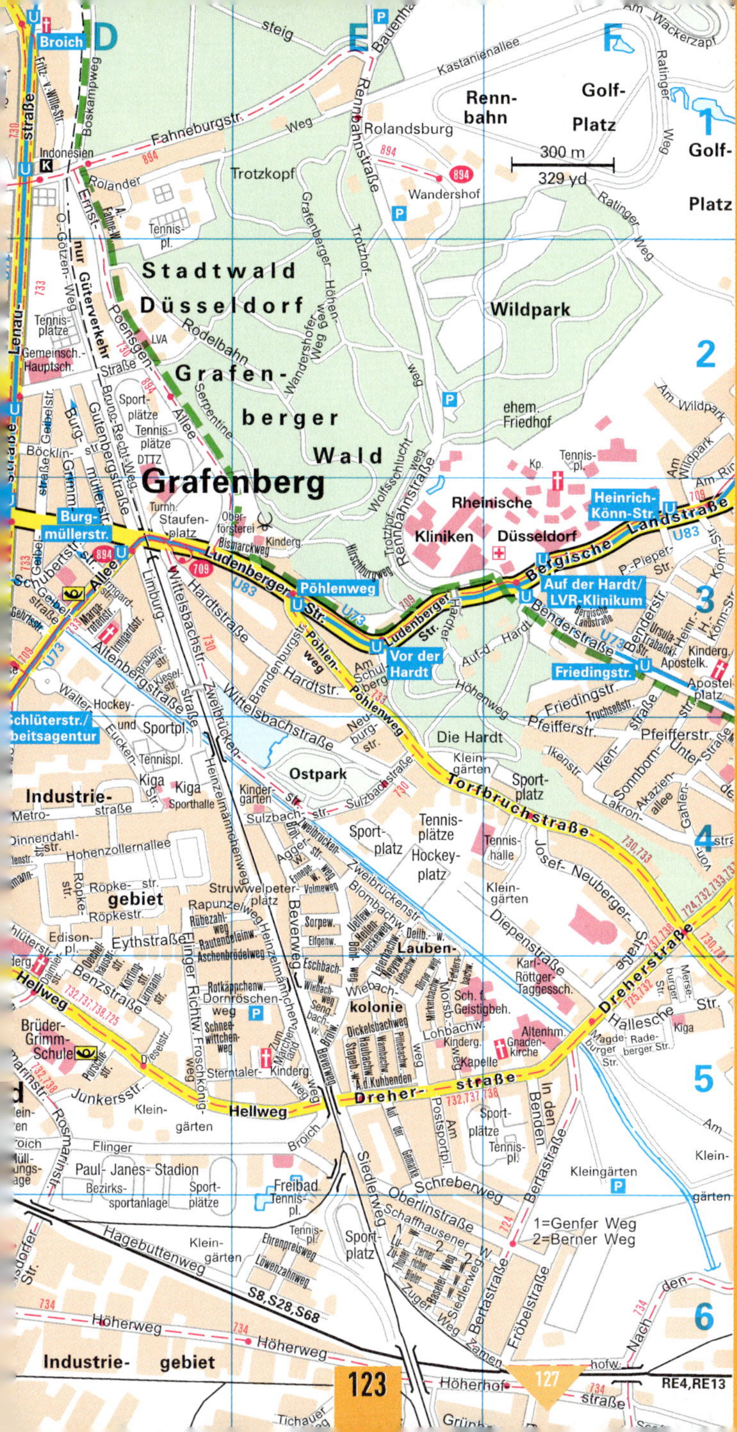
D
E
F
1
2
3
4
5
6
Broich
Renn-
bahn
Golf-
Platz
300 m
329 yd
Rolandsburg
Wandershof
Trotzkopf
Kastanienallee
Fahneburgstr.
Indonesien
Rennbahnstraße
Ratinger Weg
Stadtwald
Düsseldorf
Grafen-
berger
Wald
Wildpark
ehem. Friedhof
Grafenberg
Rheinische
Kliniken
Düsseldorf
Burg-
müllerstr.
Pöhlenweg
Heinrich-
Könn-Str.
Auf der Hardt/
LVR-Klinikum
Vor der
Hardt
Friedingstr.
Bergische Landstraße
Ludenberger Str.
Benderstraße
Grafenberger Allee
Schlüterstr./
Arbeitsagentur
Die Hardt
Ostpark
Torfbruchstraße
Industrie-
gebiet
Lauben-
kolonie
Dreherstraße
Hellweg
Paul-Janes-Stadion
Freibad
Siedlerweg
Schreberweg
1=Genfer Weg
2=Berner Weg
Hagebuttenweg
Höherweg
Industrie-
gebiet
S8,S28,S68
RE4,RE13
Höherhof
Josef-Neuberger-Straße
Diepenstraße
Hallesche Str.
Kleingärten
Lenaustraße
Lindemannstraße
Rosmarinstr.
Junkerstr.
Eythstraße
Benzstraße
Hohenzollernallee
U83
U73

127

Städt. Häfen
Medienhafen
Zollhfn.
Handelshafen
Hafenbecken A
Hafenbecken B
Hafenbecken C
Plange Mühle
Wasserschutzpol.
Gehry-Bauten
WDR
120
Weser-
Wesermünder Str.
Cuxhavener Str.
Kieler Str.
Hamburger Str.
Floß-str.
Fallhammer
Am Fallhammer
Weizenmühlenstraße
Kesselstraße
Zollamt
Speditionstraße
J.-Levin-Ufer
Alte Mälzerei
DOCK
PEC
Am Handelshafen
Kaistraße
Zollhof
Multiplex-kino
Franzius-str.
Jordanien
Hammer Str.
Gilbach-str.
Erftpl.
Erftstraße
Neckarstr.
Wupperstr.
Sieg-pl.
Siegstr.
Kiga
Lippestr.
Brückenstr.
Stadttor
Stromstr.
Völklinger
Kinder
St. Marti
Gladbacher Str.
Holz-
S8,S11,S28
Hammer Dorfstraße
Hemmersbach-weg
Frings-str.
Hammer Eisenbahnbrücke
I. d. Buhlack
D-Hamm
D-Völklinger
QVC
Plock-weg
Kleingärten-str.
Am Kuhtor
Kuh-str.
St.-Blasius
Opferg.
Auf den Kuhlen
Blasiusstraße
De Bläak
Am Sandacker
1= Platz der Medien
2= Neuer Zollhof
3=The Living Bridge
Heinsenstraße
I.d.Laak
Landesamt f.Besoldung u. Versorgung NRW
Unterbil
Volmerswerther
Hamm
Auf dem Kampe
Kapellweg
Sportplätze
Friedhof
Heinsenstr.
Florensstr.
A.d. Gathen
Stippel-burggasse
Kinderg.
1 = Möhkersgäßchen Kp.
Fährstraße
Fährstr.
G.-Ge
Schulhoff-Pl.
Gewerbeförderungs-anstalt
Auf'm Tetelbg.
Nik.-Faber-Pl.
Heinsenstraße
Borresweg
Grüneweg
Stumpfkreuzweg
Völklinger Straße
Volmerswerther Str.
Auf den Steinen
Kohlweg
Hinter der Böck
An den 13 Morgen
Klein-gtn.
Bedburger Str.
Auf der Böck
Aderkirchweg
Hammer Deich
Südring
Am Südfried-hof
P+R
Joseph-Kardinal-Frings-Brücke
Räuscherweg
Dormagener
Berufsb. Sch.
Kapelle
Batterieweg
Viehfahrtsweg
Sport-platz
Borres-hof
Borresweg
Aderweg
Aderdamm
Kleingärten
Kleingärten
Süd-friedhof
Auf dem Draap
Kompost-anlage
Aderräuscherweg
Kläranlage Düsseldorf Süd
Awista Fuhrpark
Volmersw
Nach den 12 Morgen
Hellriegel
U7
Landesamt für Natur, Umwelt und Verbraucherschutz
Kindergarten
Volmerswerther Deich
Allmende
Sport-hafen
Rhein
Am Römerlager
Reuterhof Bürgersaal
Fröbelstr.
Sporth. Grundsch.
Rheinufer-str.
Cyriak
Gem.-Zentr.
A
B
C
1
2
3
4
5
6

121

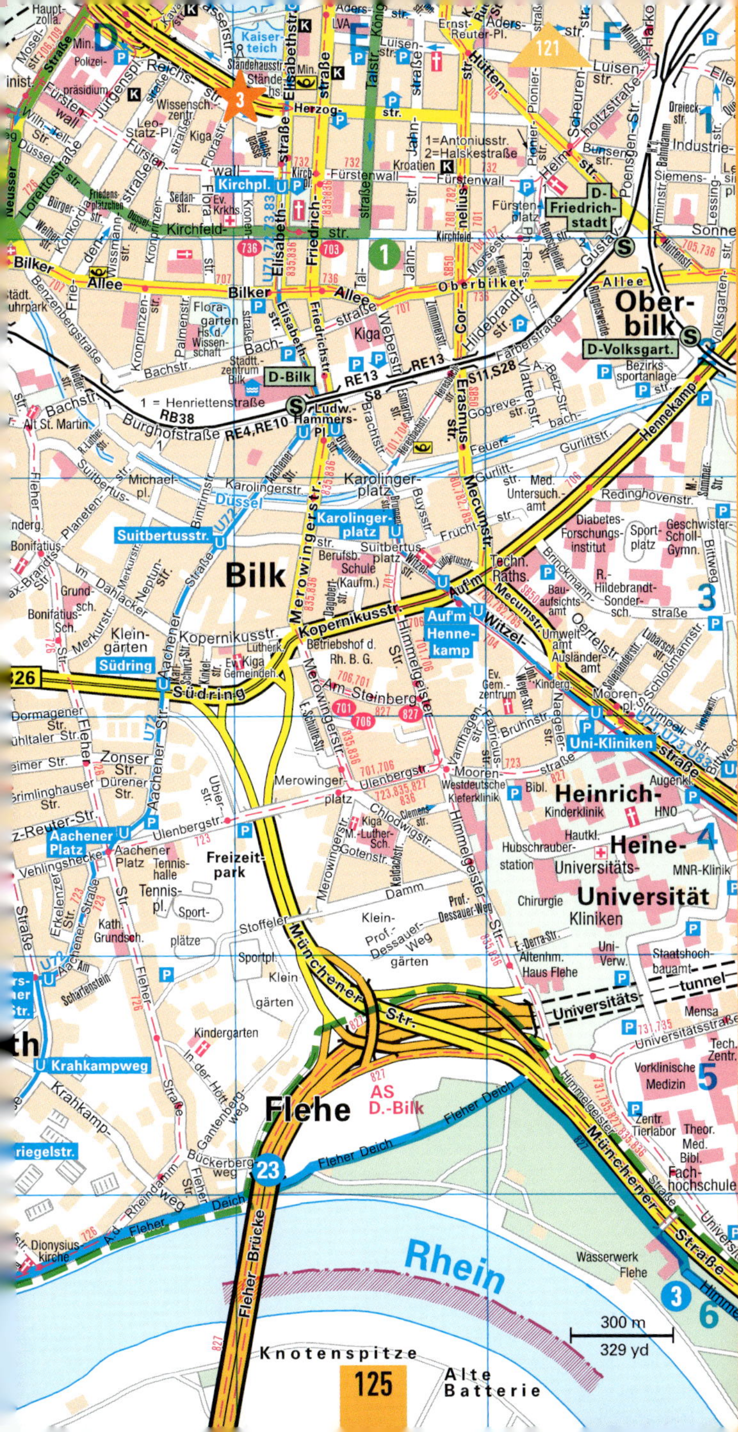
Bilk
Oberbilk
Flehe
Heinrich-Heine-Universität
Kliniken
Rhein
Bilker Allee
Oberbilker Allee
Kirchfeldstr.
Fürstenwall
Herzogstr.
Friedrichstr.
Elisabethstr.
Merowingerstr.
Kopernikusstr.
Südring
Münchener Str.
Himmelgeister Str.
Aachener Str.
Karolingerstr.
Karolingerplatz
Suitbertusstr.
Hennekamp
Auf'm Hennekamp
Witzelstr.
Mecumstr.
Ulenbergstr.
Moorenstr.
Universitätsstraße
Universitätstunnel
Fleher Deich
Fleher Brücke
Burghofstraße
Bachstr.
Kirchpl.
D-Bilk
D-Friedrichstadt
D-Volksgart.
Aachener Platz
Krahkampweg
Uni-Kliniken
Freizeitpark
Floragarten
Kaiserteich
Ständehausstr.
AS D.-Bilk
Wasserwerk Flehe
Knotenspitze
Alte Batterie
Fachhochschule
Kinderklinik
Chirurgie
Vorklinische Medizin
Stoffeler Kapellenweg
Dionysiuskirche
300 m
329 yd

122
A
B
C
1
2
3
4
5
6
Oberbilker Markt/
Warschauer Str.
Land- u. Amtsgericht
Industrie-
gebiet
Gbf.
Erkrather
Fichtenstr.
Kiefer-
Pinienstraße
Mindener
Ellerstraße
Linienstraße
Höhenstr.
Eisenstr.
Velberter Str.
Kölner Str.
Josefplatz
Industriestr.
Sonnenstraße
Kruppstraße
Städt. Fuhrpark
Ellerstr.
Ober-
bilk
Oberbilker Allee
Schmiedestraße
Finanzamt Dü.-Süd u. Mitte
Kinderheim
D-Volksgart.
Oberbilk/
Philipshalle
Stoffeler Str.
Heerstraße
Karl-Geusen-Straße
Lierenfelder Straße
Ronsdorfer Straße
Liere
Betriebs-
Versorg.-amt
Stahlwerk
Lierenf.
Volksgarten
Düssel
RE1,RE5
S1,S6,S68
D-Oberbilk
Sport-
platz
Mitsubishi Electric Halle
Siegburger
Kiga
Dürkheimer Weg
Offenbacher
Friedhof
Stoffeln
Kapelle
Geschwister-Scholl-
Gymn.
Klein-
gärten
In den
Gärten
Süd-
Kaiserslauter-
ner Str.
Klein-
garten
Gerberstr.
Elly-Heuss-
Knapp-Sch.
Realsch.
Universität Nord/
Christophstr.
Provinzial-
platz
Harff-
5 =Gießener Weg
D-Abste
Deich-
park
Vor dem Deich
Düssel-
dörfchen
see
1 =Scheidlings-
mühlenweg
Südpark
Witzel-
straße
Werstener
Straße
H.-
HNO
MNR-Klinik
Heine-
Christophstr.
P+R
731,735,727
24
AS D.-
Wersten
Werstener Dorfstr.
Universität
Universitätsstraße
Mensa
Stoffeln
Universität Ost/
Botanischer Garten
U79
U73
U71,U79,U83
Südlicher
Düsseldorf
Biologie
Pharmazie
Botanischer
Garten
Botanik
Chemie
Fach-
hochschule
Verbundbibliothek
Geistesw.-
sch.
Vorklinische
Medizin
Wasserwerk
Flehe
Münchener
Himmelgeister
Straße
Brückerbach
Clausiusweg
Kiga
Liebfrauenstr.
Bücherei
Bürgerbüro
Opladener
Leichlin-
Wersten
Ickerswarder
Str.
Dechenweg
Kohlrauschweg

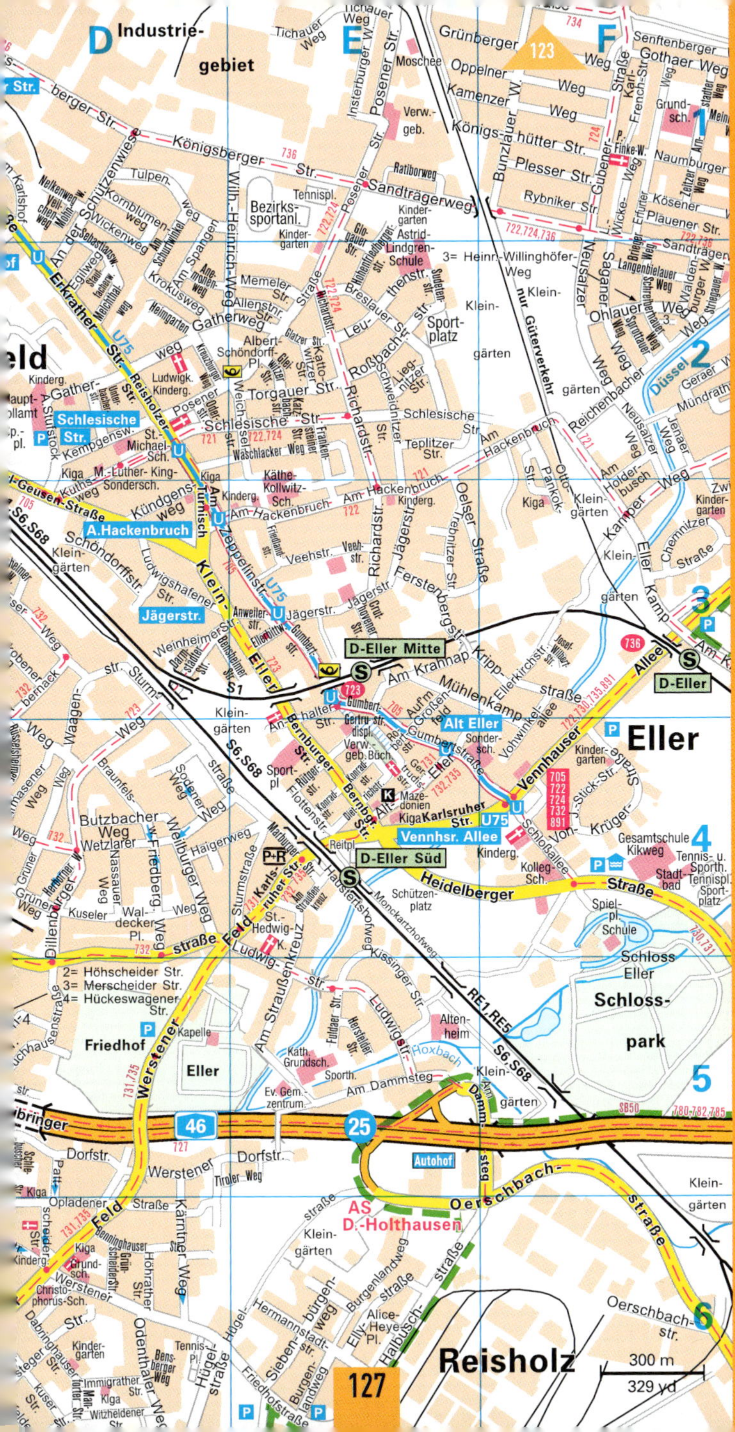
D
E
F
Industrie-
gebiet
Eller
Reisholz
Schloss-
park
Friedhof
Eller
123
Grünberger Weg
Oppelner Weg
Kamenzer Weg
Königshütter Str.
Plesser Str.
Rybniker Str.
Sandträgerweg
Königsberger Str.
Bezirkssportanl.
Astrid-Lindgren-Schule
3= Heinr.-Willinghöfer-Weg
nur Güterverkehr
Sportplatz
Kleingärten
Gatherweg
Erkrather Str.
Reisholzer Str.
Schlesische Str.
Torgauer Str.
Richardstr.
Am Hackenbruch
A.Hackenbruch
Am Zeppelinstr.
Jägerstr.
D-Eller Mitte
D-Eller
Alt Eller
Gumbertstraße
Vennhauser Allee
Vennhsr. Allee
D-Eller Süd
Heidelberger Straße
Gesamtschule Kikweg
Spiel-pl.
Schule
Schloss Eller
Schützenplatz
Hackenbruch
Kleingärten
Ludwigshafener Str.
Sturmstraße
Karlsruher Str.
Feldstraße
2= Höhscheider Str.
3= Merscheider Str.
4= Hückeswagener Str.
Kapelle
Werstener Feld
Am Straußenkreuz
Ludwigstr.
Kissinger Str.
Am Dammsteg
Altenheim
Hoxbach
46
25
Autohof
AS D.-Holthausen
Oerschbachstraße
Oerschbach-str.
Dorfstr.
Werstener Dorfstr.
Kärntner Weg
Opladener Straße
Odenthaler Weg
Hügelstraße
Friedhofstraße
Hermannstadt-str.
Siebenbürgenweg
Burgenlandweg
Alice-Heye-Pl.
Halbusch-straße
Düssel
Kamper Weg
Eller Kamp
Chemnitzer Straße
Reichenbacher Weg
Neusalzer Weg
S6,S68
RE1,RE5
S1
U75
300 m
329 yd

A
B
C
Kerken
Saelhuysen
Schaephuysen
Kr. Moers
Moers
DU-Homberg
DUIS
Rahm
Stenderhorst
Lind
Neukchn.-Vluyn
Kapellen
Holderberg
2 Moers-Zentrum
DU-Rhein-hsn.
Geneng
Wachtendonk
Stenden
Tönisberg
Niep
Luit
Moers-Kapellen
KALDENHAUSEN
RHEINHAUSEN
HOCHFELD
DU-Wanheimerort
Wankum
Kempen
Kerken
Gelinter
Voesch
St. Hubert
Orbroich
RUMELN
Wachtendonk
Harzbeck
Wall
Niers-Route
Hülser-B.
Krefeld-Gartenstadt
HÜTTENHEIM
DU-Großenbaum
Ziegelheide
KEMPEN
HÜLS
VERBERG
UERDINGEN
UNGELSHEIM
Maas-Schwalm-Nette-Route
Unterweiden
Schluff
INRATH
BOCKUM
Krefeld-Zentr.
MÜNDELHEIM
SERM
DU-Huckingen
Vinkrath
Niederrheinisches Freilichtmuseum
Schmalbroich
Mülhausen
Stiegerheide
Zoo
Burg Linn
LINN
GELLEP-STRATUM
Schloss Heltorf
Grefrath
Sankt Tönis
WITTLAER
Oedt
Schmitzheide
BENRAD
Krefeld-Oppum
OPPUM
Nierst
Lank-Latum
Hagenbroich
Tönisvorst
KREFELD
Geismühle
KAISERSWERTH
Vorst
Kehn
Krefeld-Forstwald
FISCHELN
Lank-Latum
Langst-Kierst
Flughafen
Süchteln
Holterhöfe
Strümp
LOHAUSEN
D-Messe/Arena
Rennekoven
Sittard
Anrath
KR-Fichtenhain
Osterath
Kreuz Meerb.
MEER-BUSCH
Loosen
Süchteln
Münchheide
Münchheide
Osterath
Haus-Meer
STOCKUM
D.-Stockum
VIERSEN
Neersen
WILLICH
Hardt
Bovert
GOLZHEIM
Dülken
Viersen
Kreuz Neersen
Neersen
Cloerbruch
Kaarst-Nord
Büderich
LÖRICK
Büderich
Windmühle
Hausen
Mackenstein
MG-Neuwerk
Schiefbahn
Schiefbahn
Kreuz Kaarst
OBERKASSEL
Kreuz MG
NEUWERK
MG-Ost
NEUSSERFURTH
HEERDT
MG-Hardt
MG-Nord
KAARST
LÜRRIP
Herzbroich
Holzbüttgen
NEUSS
HAMM
Stiftskirche
Hehler
HARDT
VENN
Eickerend
MG-Nordpark
Münster
KORSCHENBROICH
Büttgen
Büttgen
MÖNCHENGLADBACH
Schloss Rheydt
Kleinenbroich
Kr.Neuss-West
Neuss Hafen
MG-Holt
OHLER
Pesch
Lüttenglehn
Gref-rath
Jever-Skihalle
Kinderbauernhf.
HEHN
RHEYDT
GIESENKIRCHEN
Liedberg
Glehn
Neuss-Holzhm.
Neuss-Reuschenb.
Löveling
HOLZHEIM
REUSCHENBERG
NORF
MG-Rheydt
SCHELSEN
Scherfhausen
RHEINDAHLEN
GÜNHOVEN
Kloster St.Niklas
Neuss-Süd
Steinforth
ODENKIRCHEN
Damm
Grevenbroich-Kapellen
Speck
Hoisten
Allerheiligen
MG-Wickrath
WICKRATH
Schl.Dyck
Tiergarten
Wey
Neuenhoven
Hemmerden
Vierwinden
Wehl
Genholland
MG-Güdderath
Sasserath
Bedburdyck
Kapellen
Roseller
Nievenheim
Buchholz
Wickrathberg
Kelzenberg
Wasserburg Hülchrath
Hülchrath
Neukirchen
Herrath
Beckrath
Neu-Otzenrath
Gierath
Wevelinghoven
Rath
Wanlo
Hochneukirch
Jüchen
Grevenbroich
Ramrath
Gohr
ERKELENZ
Venrath
MG-Wanlo
Dr.MG-Wanlo
Orken
Hoeningen
Erkelenz-Ost
Kaulhausen
Jüchen
Gustorf
GREVENBROICH
Broich
Terheeg
Kuckum
Kreuz-Holz
Grevenbr.-Süd
Widdeshoven
Wockerath
Borschemich
"Tagebau Garzweiler-Nord"
Gustorf
Barrenstein
Evinghoven
Bellinghoven
Berverath
Frimmersdorf
Allrath
Oekoven
Anstel
Kückhoven
Immerath
Pesch
Gindorf
Feld-u. Werksbahnmuseum
Frixheim
Tenholt
Holzweiler
Sinsteden
Nettesheim
Frimmersdorf
Butzheim
Katzem
Dreieck Jackerath
Rommerskirchen
Lövenich
Kleinbouslar
Jackerath
"Tagebau Garzweiler-Süd"
Gevelsdorf
Mündt
Bedburger Land
Vanikum
Hüchelhoven
Ralshoven
Opherten
Kaster
Ingendorf
Kofferen
Titz
Kirchherten
Titz
Grottenherten
Pütz
Hottorf
Hasselsweiler
Kalrath
Wasserschloss
Niederaußem
Fliesteden
Ameln
Kleintroisdorf
Bedburg
Bedburg
Manstedten
Boslar
Müntz
Spiel
Kirchtroisdorf
Glesch
Oberaußem
Jülich-Ost
Mersch
Serrest
Rödingen
Niederembt
Kirdorf
Schl. Paffendorf
Paffendorf
Glessen
Höllen
Oberembt
BERGHEIM
Broich
Pattern
Güsten
Neu-Etzweiler
Bergheim
QUADRATH-ICHENDORF
Welldorf
Bergheim-Süd
Tollhausen
Esch
Grouven
Großkönigsdorf
5 km
3.11 mi
JÜLICH
Elsdorf
Thorr
Königsdorf
Stetternich
Tagebau Hambach
Giesendorf
Berrendorf
Ahe
Brückenkopf-Park
Widdendorf
Wüllenrath
Heppendorf
Horrem
Bourheim
Daubenrath
Hambach
Elsdorf

MÜLHEIM an der Ruhr
Schloss Styrum
Folkwangmus.
Grugapark
Villa Hügel
Essen-Kettwig
Route der Industriekultur
Propsteikirche
Eisenbahnmuseum Dahlhausen
Haus Kemnade
HATTINGEN
Bismarckturm
Sprockhövel
Kreuz Breitscheid
Schloss Hugenpoet
KETTWIG
VELBERT
Langenberg
Velbert-Nord
Heiligenhaus-Hetterscheidt
RATINGEN
HEILIGENHAUS
Wallfahrtskirche Neviges
Sternenberg
Wülfrath
Ratingen-Ost
Oranier Route
METTMANN
Kreuz D-Nord
HUBBELRATH
DÜSSELDORF
Düsselstrand
Neandertalmus.
Schwebebahn
WUPPERTAL
Zoologischer Garten
Bergische Sonne
ERKRATH
Kreuz Hilden
REMSCHEID
HAAN
GRÄFRATH
Berg. Museumsbahn
Schloss Benrath
BENRATH
HILDEN
Ohligser Heide
SOLINGEN
Müngstener Br.
WERMELSKIRCHEN
Schloss Burg
Sengbach-Talsperre
LANGENFELD
Leichlingen
Burscheid
Zons
Mittelalt. Stadtbefestigung
MONHEIM AM RHEIN
Dreieck Monheim-Süd
Dhünn
Dr. Alleenstr.
LEVERKUSEN
Bergischer Dom
Wildpark
Odenthal
Schloss Morsbroich
Aqualand
CaLevornia
Leverkusen
BERGISCH GLADBACH
Kreuz Köln-N.
KÖLN
Zoo
Claudius Therme
Dom
Kölnarena
Forst Königsforst
St. Nikolaus
Königsforst
Schloss Röttgen
Kreuz K-Gremberg
Frechen

Das Register enthält eine Auswahl der im Cityatlas dargestellten Straßen und Plätze

KARTENLEGENDE

Autobahn mit Nummer
Motorway with number
Autoroute avec numéro

Nummer der Autobahnanschlussstelle
Motorway junction number
Numéro d'echangeur d'autoroute

Schnellstraße/ Bundesstraße
Expressway/ Federal road
Route express/ Route nationale

Durchgangsstraße
Main through road
Grande route

Übrige Straßen/ Weg
Other roads/ Footpath
Autres routes/ Sentier

Straßen in Bau/ Planung
Roads under construction/ projected
Routes en construction/ en projet

Fußgängerzone/ Einbahnstraße
Pedestrian zone/ One-way street
Zone piétonnière/ Rue à sens unique

Stadt- und Gemeindegrenze
Town and communal boundary
Limite de ville et commune

Umweltzone
Environmental zone
Zone environnement

Eisenbahn mit Bahnhof
Railway with station
Voie ferrée avec gare

Güter- und Industriebahn
Freight and industrial railway
Voie ferrée de marchandise et industrielle

S-Bahn mit Nummer und Station
Rapid transit train with number and station
Train en trafic suburbain avec numéro et gare

U-Bahn/ Stadtbahn
Underground/ Light Rail
Métro/ Métro Léger

Bus/ Straßenbahn mit Endhaltestelle
Bus/ Tramway with terminus
Autobus/ Tramway avec terminus

Parkplatz/ Parkhaus/ Tiefgarage
Car park/ Parking house/ Underground car park
Parking/ Garage/ Parking souterrain

Park+Ride/ Parkleitsystem
Park+Ride/ Parking control system
Park+Ride/ Système de signalisation

Hallenbad
Indoor swimming pool
Piscine couverte

Kirche
Church
Église

Krankenhaus
Hospital
Hôpital

Campingplatz/ Jugendherberge
Camping site/ Youth hostel
Camping/ Auberge de jeunesse

Post
Post office
Bureau de poste

Försterei
Forester's lodge
Maison forestière

Einzelne Bäume
Isolated trees
Arbres isolés

Wirtshaus/ Ausflugslokal
Inn/ Excursion-Inn
Auberge/ Café-Restaurant

Sendeanlage/ Leuchtturm
Transmitting station/ Lighthouse
Station d'émission/ Phare

Denkmal/ Turm
Monument/ Tower
Monument/ Tour

Windmühle/ Windrad
Windmill/ Windpower
Moulin à vent/ Éolienne

Tourist-Information
Tourist information center
Syndicat d'initiative

Konsulat/ Botschaft
Consulate/ Embassy
Consulat/ Ambassade

Wald/ Park, Friedhof
Forest/ Park, Cemetery
Fôret/ Parc, Cimetière

Weinberg
Vineyard
Vignoble

Heide/ Moor, Sumpf
Heath/ Marsh, Swamp
Lande/ Marais, Marécage

MARCO POLO Erlebnistour 1
MARCO POLO Discovery Tour 1
MARCO POLO Tour d'aventure 1

MARCO POLO Erlebnistouren
MARCO POLO Discovery Tours
MARCO POLO Tours d'aventure

MARCO POLO Highlight

REGISTER

In diesem Register sind alle im Reiseführer erwähnten Sehenswürdigkeiten und Ausflugsziele sowie einige wichtige Plätze und Namen aufgeführt. Gefettete Seitenzahlen verweisen auf den Haupteintrag.

SCHREIBEN SIE UNS!

Egal, was Ihnen Tolles im Urlaub begegnet oder Ihnen auf der Seele brennt, lassen Sie es uns wissen! Ob Lob, Kritik oder Ihr ganz persönlicher Tipp – die MARCO POLO Redaktion freut sich auf Ihre Infos.
Wir setzen alles dran, Ihnen möglichst aktuelle Informationen mit auf die Reise zu geben. Dennoch schleichen sich manchmal Fehler ein – trotz gründlicher Recherche unserer Autoren/innen. Sie haben sicherlich Verständnis, dass der Verlag dafür keine Haftung übernehmen kann.

MARCO POLO Redaktion
MAIRDUMONT
Postfach 31 51
73751 Ostfildern
info@marcopolo.de

IMPRESSUM
Titelbild: Brücke am Medienhafen mit Blick auf den Neuen Zollhof (huber-images: S. Lubenow)
Fotos: Franklin Berger (1 u.); dpa picture alliance (89); © fotolia.com: Xavier Marchant (18 o.); R. Freyer (Klappe r., 8, 10, 36/37, 70, 104/105, 108 u., 109); Getty Images: Danilo Andjus (3); huber-images: Klaes (30), S. Lubenow (1 o., 46), Maurizio Rellini (12/13), Schmid (17), Reinhard Schmid (4 o., 26/27), Chris Seba (41); G. Jung (Klappe l.); L. Kornblum (4 u., 32, 35, 38, 42, 48, 63, 66, 76/77, 78, 83, 84/85, 86, 107); Laif: Sabine Bungert (103), Andreas Fechner (60), Gerald Hänel (19 u., 51, 81, 106/107), Dirk Kruell (73, 106), Catrin Moritz (65, 74), Zanettini (24, 114/115); Look: Sabine Lubenow (2, 18 u.), Daniel Schoenen (56), Heinz Wohner (20/21, 52), Michael Zegers (68/69); R. Lueger (45, 54, 105, 108 o.); mauritius images: Chris Seba (5, 92/93); mauritius images/ Prisma Bildagentur/Alamy (6); mauritius images/Alamy: Clynt Garnham (19 o.), Oliver Hoffmann (100), Bernd Mellmann (97), Miguel A. Muñoz Pellicer (104); mauritius images/Bildarchiv Monheim/Alamy (91); mauritius images/foodcollection (18 M., 62 r.); mauritius images/imagebroker: Barbara Boensch (14/15), Karl F. Schöfmann (7, 23); mauritius images/Westend61 (62 l.), Dieter Heinemann (58/59); H. P. Merten (9); vario images: Marschall (11)

13., aktualisierte Auflage 2017
Komplett überarbeitet und neu gestaltet

Chefredaktion: Marion Zorn
Autorin: Dr. Doris Mendlewitsch; Mitarbeit: Franziska Klasen, Theresa Kellermann
Redaktion: Franziska Kahl
Verlagsredaktion: Lucas Forst-Gill, Susanne Heimburger, Tamara Hub, Nikolai Michaelis, Kristin Schimpf, Martin Silbermann
Bildredaktion: Gabriele Forst, Stefanie Wiese
Im Trend: wunder media, München
Kartografie Reiseatlas: © MAIRDUMONT, Ostfildern; Kartografie Faltkarte: © MAIRDUMONT, Ostfildern
Gestaltung Cover, S. 1, S. 2/3, Faltkartencover: Karl Anders – Büro für Visual Stories, Hamburg; Gestaltung innen: milchhof:atelier, Berlin; Gestaltung Erlebnistouren: Susan Chaaban Dipl.-Des. (FH)

Printed in China

BLOSS NICHT

Ein paar Worte zu Dingen, die Sie besser bleiben lassen sollten

LOBENDE WORTE ÜBER KÖLN FINDEN

Für die meisten Düsseldorfer ist es nur ein Spaß, für manche Leute jedoch eine Frage der Ehre: die oft herbeigeredete „Erzfeindschaft" mit der rheinischen Rivalin Köln. Ob Karneval, Bier oder Sport – beide Städte liegen in harter Konkurrenz. Also Vorsicht, lobende Worte über Köln erregen – vor allem am Brauhaustresen – manche Gemüter immer noch!

SICH ZU VIEL VORNEHMEN

Düsseldorf ist eine junge und lockere Stadt. Passen Sie sich der Mentalität an, lassen Sie auch mal fünf gerade sein und vor allem: Nehmen Sie sich nicht zu viel vor. Wenn Sie Düsseldorf wirklich kennenlernen wollen, gehört es dazu, einfach mal zu bummeln, in kleinen Cafés zu sitzen und das entspannte Lebensgefühl am Rhein zu genießen.

NACHTS DEN BAHNHOF ERKUNDEN

Wenn Sie spätabends ankommen oder in den Bahnhofsläden etwas besorgen wollen, sollten Sie sich nur im Hauptgang bewegen und möglichst den Ausgang Konrad-Adenauer-Platz benutzen. Der Seitengang ist dunkel und wenig belebt; Frauen müssen da besonders aufpassen. Die U-Bahnhöfe hingegen werden rund um die Uhr bewacht. Fahrgäste der Rheinbahn können ab 20 Uhr ein Taxi zu ihrer Zielhaltestelle bestellen.

AN KARNEVAL NICHT FEIERN WOLLEN

Wenn Sie Vorbehalte gegen Karneval haben, dann sollten Sie während der tollen Tage, d. h. von Altweiberfastnacht (Donnerstag) bis Aschermittwoch, lieber zu Hause bleiben. Sich in Düsseldorf aus dem Trubel herauszuhalten, ist einfach zu mühsam. In fast sämtlichen Kneipen, auch wenn sie auf den ersten Blick gar nicht danach aussehen, wird heftig Karneval gefeiert. Und sonst geht gar nichts: Museen und Geschäfte haben nur stark eingeschränkte Öffnungszeiten und sind am Rosenmontag meist ganz geschlossen.

JEDES WORT AUF DIE GOLDWAAGE LEGEN

Düsseldorfer haben das Herz auf der Zunge. Da kann es auch mal etwas rustikaler zugehen. Seien Sie nicht beleidigt, wenn Ihr Gegenüber sehr direkt ist – das große Mundwerk ist nichts weiter als Ausdruck rheinischer Lebensfreude. Das gilt auch für den Köbes (Brauhauskellner): Grimmig ist sein Naturell, die Anrede „Sie" kennt er nicht. Am Tresen sind die Düsseldorfer schnell beim Du.

SORGLOS PARKEN

Ärger droht hierbei vom Ordnungsamt: Falschparker werden gnadenlos abgeschleppt, Politessen kontrollieren Tag und Nacht. Heikel: das Parken in zweiter Reihe. Parkhäuser sind teuer (bis zu 2 Euro pro Stunde), aber immer noch billiger als ein Knöllchen.